直 | 播 | 的 | 本 | 质

人货场 + 流

■ 陈知道 著

陈知道
知道

汍峙直播创始人
陈知道·创始人

图书在版编目（CIP）数据

直播的本质：人货场+流 / 陈知道著. -- 北京：北京联合出版公司，2022.1
　ISBN 978-7-5596-5791-6

Ⅰ．①直… Ⅱ．①陈… Ⅲ．①网络营销 Ⅳ．①F713.365.2

中国版本图书馆CIP数据核字(2021)第250781号

直播的本质

作　　者：陈知道
出 品 人：赵红仕
选题策划：北京联合点读文化传媒有限公司
责任编辑：管　文

北京联合出版公司出版
（北京市西城区德外大街83号楼9层 100088）
北京联合天畅文化传播公司发行
北京山华苑印刷有限责任公司印刷
字数126千字　787毫米×1092毫米　1/16　18印张
2022年1月第1版　2022年1月第1次印刷
ISBN 978-7-5596-5791-6
定价：69.80元

版权所有，侵权必究
未经许可，不得以任何方式复制或抄袭本书部分或全部内容
本书若有质量问题，请与公司图书销售中心联系调换。
电话：010-64265882 010-64258472-800

作者介绍

工作经历：

2019年至今专注短视频+直播带货领域；

银河商学首席直播顾问（抖音2021年度第一副业课）；

与全国多个产业带直播基地合作；

参与打造多个抖音月销千万直播间；

0粉丝、0视频、纯自然流量打法首批操盘手；

直播电商头部讲师；

小鹅通官方认证讲师；

安徽省首届直播电商大会嘉宾；

培训素人主播学员5000+；

学员、主播、运营客户累计销售十亿+；

官方受邀联手清华大学参与给50位奥运会冠军做分享；

服务同城号帮助美业、地产、餐饮等传统业实现销售业绩增长；

孵化创始人商业IP，实现单月涨粉30万，单月变现百万。

陈知道：

汍峙直播基地创始人

陈知道IP创始人

目录

写给读者的话 ·· 8

引言
未来 5 年主播的行业前景 ································· 10

第一章
了解抖音电商 快速入局 ·································· 19

第一节　月销 1000 万的直播间有哪些核心要素？············ 22
第二节　直播带货是否能赚钱 ······························· 28
第三节　中小企业应该怎么做抖音 ··························· 32
第四节　直播间团队：直播岗位如何设置和分工 ············· 35
第五节　直播间的搭建 ······································ 40
第六节　如何合理设置主播分级薪资 ························· 47

第二章
主播成长规划 ·· 55

第一节　好主播的标准和必备能力 ··························· 55
第二节　新人主播必备的三大基础能力 ······················· 57
第三节　新手主播的常见问题 ······························· 59

第四节　新手主播快速成长的三个素质 …………………………… 60
第五节　主播不同阶段的学习规划 ………………………………… 61
第六节　主播成长规划四部曲 ……………………………………… 65
第七节　快速进阶百万主播的四项核心能力 ……………………… 66

第三章
新手主播　快速突破 0~1 ……………………………………… 69

第一节　熟悉平台　建立良好关系 ………………………………… 69
第二节　心态建立　让自己更有底气 ……………………………… 76
第三节　找对方法　让训练更高效 ………………………………… 88
第四节　塑造产品价值　迈向中级主播 …………………………… 98
第五节　拿来即用的百万主播高效话术 …………………………… 114
第六节　增加用户黏性和下单频率 ………………………………… 128

第四章
进阶百万销售主播 ……………………………………………… 137

第一节　心态修炼 hold 住更大场面 ………………………………… 137
第二节　如何通过选品排品引爆直播 ……………………………… 144
第三节　经典直播话术与互动技巧 ………………………………… 153
第四节　必备的基础运营思维 ……………………………………… 167

附录：
平台规则抖音官方主播规范 ································ 197

高频违规问题规则解读白皮书 ································ 201

规则解读 Vol1-【相关性】 ································ 207

规则解读 Vol2-【虚假宣传】 ································ 208

规则解读 Vol3-【化妆品行业虚假宣传】 ································ 210

规则解读 Vol4-【违规专拍链接】 ································ 214

规则解读 Vol5-【私下交易及导流行为】 ································ 216

规则解读 Vol6-【侵权行为】 ································ 216

规则解读 Vol7-【违法违规内容】 ································ 218

规则解读 Vol8-【售假违规】 ································ 219

规则解读 Vol9-【常见的商品无法添加原因】 ································ 220

规则解读 Vol10-【画风低质】 ································ 223

抖音电商知识手册 ·· 229

账号篇 ·· 238
操作篇 ·· 243
硬件篇 ·· 251
玩法篇 ·· 254
产品篇 ·· 261
店铺篇 ·· 266
流量篇 ·· 271
团队篇 ·· 282
场地篇 ·· 286

写给读者的话

读者朋友好!

见字如面,我是陈知道,汍峙直播创始人,陈知道品牌创始人。

很高兴你能翻开这本《直播的本质 人货场+流》,希望本书对所有准备进入这个行业的、想改变现状、打破瓶颈的你有系统的提升和帮助。

在此之前,我先介绍一下目前抖音电商的一些基本情况,方便你有初步的认知。

2020年抖音电商成为行业热点,大量用户通过短视频+直播的推荐,发现并购买心仪的商品;大量商家通过商品+内容的营销方式让自己的品牌、商品被用户知晓并购买;大量明星、达人纷纷加入进来,成为电商主播,通过自己的影响力、专业度、责任心为众多粉丝精挑细选并推荐好的产品,让万千好物走入千家万户。

抖音电商是依靠短视频和直播等准确、生动、真实的内容推荐方式,让用户在"逛"的同时,可以发现优价好物,激发消费兴趣。一方面触发了超过6亿日活用户的海量消费需求,另一方面极速压缩了转化路径,在同一场景下实现用户从认知、兴趣到购买、复购的高效转化与沉淀。

我从去年开始做"素人主播从零到一百"的课程,通过我的培训,素人主播从完全不会,到上岗实践,到出成绩,最高的单月总销售额达到三千万,也打造过直播间单月销售额达到千万的极好业绩;春节期间一个新搭建的抖音直播间也是从0粉丝、0投放,到取得了带货榜第一名的好成绩。

在本书,我将把我这几年对于抖音直播带货的经验总结出来,分享给你。书里不仅有直播带货的底层逻辑,同时还有许多我实操过的经验和干货,甚至会分享我们所有的实操案例到底是怎么做的。

期望能让你在短时间内学到抖音直播带货的底层逻辑,熟悉抖音,对抖音有一个很高的认知，让你能够在短时间内运用书中可行的实操方法，快速提高自己的水平，从素人主播达到月销千万的主播等级。

我选择在现阶段出这本书，是希望可以通过分享自己成功的经验，让大家在直播带货行业走得更顺利；同时我也希望，更多想做直播带货的素人小白，走进直播带货，改变自己的命运，实现就业、经济独立、自我提升、创造社会价值；也希望可以更好地带动传统行业转型升级，推动企业品牌供应链更好地发展。

愿每一个新时代的创业团队，都能实现自己的梦想！

陈知道

2021 年 6 月

图片来源：汝峙直播基地（截取时间：2021 年 5 月 21 日）

引言　未来5年主播的行业前景

2020年年初，抖音定下的带货成交目标是1000亿至1500亿。增长很快就超过了预期，计划便上调到2500亿，没想到最终结果翻倍到5000亿。这样的成交额听着很吓人，毕竟拼多多2019年的成交额也不过10000亿。

不过抖音的5000亿中只有1000亿成交额是抖音自有电商平台抖音小店实现的，3000多亿是从直播间跳转到京东、淘宝等第三方平台完成的。

2021年，抖音定下的目标是：全年GMV（成交总额）增长到10000亿，比2020年翻倍，预计2022年还会有200%以上的增长。

此外，抖音小店的份额还会进一步提升。10000亿中虽然大部分还是会来自第三方平台，但今年1月份抖音小店的GMV就达到了300亿，较2020年1月增长了50倍。

2021年，抖音不光拥有6亿日活用户，而且还拥有10000亿的市场。这个机会够不够大？想不想赚这个钱？想赚的，你现在需要做的就是尽早入局，才能在大浪潮里获得一席之地。现在更多的品牌供应链和有经验的电商已经选择了比短视频带货更有市场的直播带货。

随着平台进一步把投放变得智能化，只要人、货、场搭建得足够好，并且有合适的主播，把自己的品牌做得足够到位，那么月销百万的直播间很快就会搭建起来。抖音是一个去中心化的平台，先入局和后入局同样有机会，而且变现模式丰富，运营难度相对低，现在就是最好的红利期，这样盈利的机会非常难得。

目前各路人马纷纷入局，市场需要大量有能力的主播。我选择在这样的时势下写作本书，就是面对这样的需求——市场需要主播，主播需要收入。我在服务于品牌和供应链的时候，发现大家的投放技术和运营的优化水平其实是不相上下的，很难说谁是第一谁是第二，大家的差距并不是很大。但是，有一个因素能够让企业领先在直播带货的跑道上，那就是看谁能找到更优质、并且具有专业素养的主播。因为同样的货盘、同样的团队里，一个好的主播能够日销 100 万，一个普通主播可能就只能日销 10 万。主播是能够直接影响直播间效益的很主要的因素。

为什么市场需求潜力巨大，却如此缺乏好的主播？

第一，市场缺乏带货主播这个专门的行业；第二，很多教育机构目前尚未重视有关带货主播的学科和课程；第三，很多地方和品牌根本招不到主播，

图片来源：汲峙直播（截取时间：2021 年 6 月 22 日）

即使招到了，也不懂得如何管理和培训。我们团队在观察到这一现状之后，决定一定要把培养主播做到可复制化和规模化。

许多电商团队，目前都在这个赛道上逐步扩大自己的队伍。他们在销售额越来越高、利润也越来越大的同时，却没有那么多能够独当一面的主播，无法将现有的盈利模式快速复制。所以，在刚才强调的这个万亿市场下，主播岗位有着极大的人才缺口。

在这里我们抛开资本的运作方式，只从直播电商最基础的逻辑来分析这一行业，通过本书内容，期望帮你可以清晰地了解直播带货的本质。这本书适合新手主播和小白，学完后能够快速了解如何上手并实操，从而成为行业里优秀的带货主播；也适合达人主播优化现有技能，学到更多的技巧；同样适合团队管理者去了解该如何培养素人主播，让小白主播从 0 到 100 完成进阶，成为抖音平台 S 级的主播，创造更高价值。

本书分享的是在抖音这个平台直播带货的一些经验和心得，因为不同平台的直播节奏和机制完全不一样。只有了解平台的规则，才能相应地找到最适合平台的节奏。

举个例子，淘宝的主播原来月流水在几十万、几百万，换到抖音平台后，月流水居然只有几万块。这是为什么呢？其实这和两者的生态环境有很大的关系。

首先，淘宝本身就是卖货平台，货已经在店铺里面，在淘宝上直播带货是属于增加卖货量的辅助手段；而抖音是一个社交娱乐的内容平台，用户注意力有限，几乎一秒就可以滑到下一个视频，所以在抖音平台带货其实更考验主播的能力。如何吸引用户长时间停留在直播间，并且关注主播，让用户主动与主播互动，再到最后下单，这都是我们在接下来要学习的内容。

其次，两者之间流量获取的方式也大不相同。淘宝依靠自身的电商大平台就可以获得很多流量，而抖音带货则需要创作者本人制作短视频从而吸引精准用户到直播间来，或者通过直播间的数据达成平台的考核，从而获得更多的自然流量曝光。

打个比方，我个人理解淘宝的主播属于比较"懒"的那一种。淘宝直播就像大卖场，来一个人就迎接一下，它是一种被动的形式，所以决定了它的销量很稳定，但不会有爆发性的增长。抖音直播更像是一个四面开放的早市，在路边、在人最多的路口吆喝叫卖。你越有吸引力，围过来的人就越多，从而产生羊群效应，它的爆发性非常强，即使是新主播，也可能做到日销百万。

在我的汈峙直播基地培训完的主播，就是适配抖音且能直接直播带货的主播。目前我们与全国一、二、三线城市的上千家企业品牌和供应链均有合作，与我们合作的主播在培训完后，需要通过达标测试，测试达标且状态能够达到客户的要求就可上岗，而且主播可以选择想去的城市和想播的类目。这也是我们对自己培训的主播自信的原因之一。

在这里我想对所有想做直播带货的素人和小白主播说：只要了解平台的规则和机制，然后顺应平台，找到最适合的玩法和技巧，想在抖音做直播带货真的不难；同时也想对搭建直播间的团队说：招主播其实也不难，原有的想法是大家对主播要求都很高，觉得招不到。其实我们可以换个思路，我们把短视频当作传单，直播间就是线下的门店。直播带货，就是将原有的线下销售，通过专业直播技能技巧的培养，转化为线上销售，这样就可以完美解决招不到主播的问题了。

图片来源：汊峙直播（截取时间：2021 年 5 月 21 日）

　　简单说，短视频的每一个浏览量，都相当于线下推广时发放的传单。如果你的视频内容足够优秀，就可以获得更多免费的广场流量，同时会有更多精准的付费流量。直播间就是线下门店，区别只是你的门店是在工厂里、旗舰店里或者在自己的直播间里，主播就相当于柜姐、导购，通过自身的技能技巧将这些流量转化成线上销售。

　　招募主播的时候，要招募那些更像柜姐的主播，而不是娱乐主播或者游戏主播，因为他们的收入通常会比较高，既不干活也不卖力。直播带货是一个相当需要体力和毅力的职业，显然娱乐游戏方面的主播适应不了电商的需求。所以，有销售能力的普通素人或者像柜姐这种表达能力强的传统领域职位的人，更适合做带货主播，把这些人通过培训打造成可以满足抖音直播带货要求的主播才是我们应该专注的。而且你会发现，当思维转变后就会很好理解，把传统行业的生意通过直播再做一遍，其实完全行得通。通过对本书中很多类似实操案例的理解、分析，当真的了解每一个环节，并且都能执行落地后，你就会发现，从线下转到线上的过程非常简单，只要你下定决心去做，没有什么事情是做不到的。

短视频和直播电商是未来三年至五年的一个商业趋势，无论抖音还是其他平台，这个大方向是不会错的。我们要做的是做好充足的准备，备齐人马尽早入局，打磨、历练我们的团队后进行快速复制，这样就能确保你能更快、更多地赚到钱。

在这之前，请大家一定要明确一个道理：认清自己的目标。每个团队都想培养一个罗永浩，最终却培养出了罗玉龙；每个团队都想培养一个李佳琦，最后都变成了李二蛋。为什么学习不了他们两个？罗永浩，每场直播有几百万的推流费用，这个费用对于新手直播间或者小团队来说，基本上是没有能力承受的。

那么，在资源和资金都比不过的时候，小的直播间或者团队应该怎么去正确地学习呢？答案是一定要找到合适的对标直播间，而不是这些头部的大主播，因为真正的头部数据对新手来说太遥远了。我们应该每到一个阶段就找到相应的对标直播间进行对标学习，让自己的团队或者直播间吸收对方的经验，从而达到提升自己的效果。

这本书能够呈现在你手上，相信你一定是对这个行业感兴趣的，只是之前的一些信息不对等造成认知误区，导致你对直播电商无从下手。我们的初心是找出直播电商的"普遍规律"送给每个人。只要你想赚钱，只要你想扩充自己的知识面，只要你具有运营思维，只要你想自己做老板，只要你想通过直播带货挣钱，只要你身处传统行业，只要你想改变命运，你就可以通过学习这本书的内容让自己掌握相关的知识，提升自己的业务能力，让自己能够为这个社会创造更多的价值。

那么如何快速有效地学习书里的内容，并对自己的能力进行提升呢？我们先从这个行业的几个角度来分析：

第一，抖音带货达人，已有自己的 IP 和内容。

这种主播一般是在短视频的基础上，累积了几十万甚至几百万粉丝，但是带货直播时却没有办法变现。主要原因是短视频的流量人群和直播带货的流量人群画像完全不一样，所以哪怕有再多的粉丝，到了直播带货也要从零开始学习。如果本身有粉丝基础的话，通过学习后验收成果是非常快速的。

第二，电商卖家，全心全意为卖货。

这类老板或者团队都已经开始尝试进行直播带货了，但是不知道怎么管理这个团队，没办法进行效率最大化，也不知道如何孵化和培养主播，更不知道团队架构和具体薪资的分级挂钩，目前是摸着石头过河的状态。这类电商卖家看完本书后，相信能对自己有很大的帮助。

第三，传统企业里，想转型到短视频或者直播带货的负责人。

我们为什么要把这个类别也划入其中呢？我前面说过了，传统行业进行直播带货是一个新的趋势，在新浪潮的冲击下，传统行业必须将自身升级才能得以生存。从线下到线上，传统行业如何从 0 到 100，如何搭建自己的团队，这本书里都有答案。

第四，已经踏入这一领域，有投放能力的团队。

所谓投放，科学的说法是指在直播间中主要负责千川的流量投放，是运用合适的流量平台对直播间进行精准流量购买的付费推广，同时实时监控直播间数据，并积极进行人、货、场的调整和数据分析的一门学识。所谓有投放能力的团队，是指可以很好地协调人、货、场、流这四点，并且有极好的数据分析能力的团队。其实有很多团队的投手非常优秀，他们想要快速复制模式、快速变现，他们面临的问题就是没有合适的主播，这就意味着没有办法批量化复制他们的投放模式。通过学习本书，知道如何对自己的主播进行快速复制孵化，就是投放团队能得到的好处。

第五，其他行业从业者。

我们在划分群体时，其实并没有十足的意愿将这类人群划分在内，人各有志，行行出状元。回顾前面的内容，我提到过普遍规律，那么在这个逻辑下，不管其他行业的是否愿意接受，我们都会将内容做到适合大部分人、大部分领域，只要有赚钱的意愿。即使是零基础，学完这本书后也会有基本认知，能够提升个人对于抖音的理解。

其实素人想要成为一个月销百万的主播并不难。只要了解底层的逻辑、提升认知、掌握技巧并且勤加练习，就可以成为这样的主播。无论是对于企业，还是没有进入直播带货这个赛道的供应链和品牌，又或者是没有参与直播带货的素人来说，加入直播带货这件事情都是越快越好。只有尽早入局，才能快速地在这个行业站稳脚跟，达到月销百万的目标。

目前是品牌企业自播的黄金时间，现在就是最好的入局时间。

种一棵树最好的时间是十年前，其次，就是现在！

术语对照表

英文缩写或隐晦词	解释
IP	品牌形象
DOU+	抖音平台自有付费流量推广工具之一 2021年6月1日后电商推广迁向随心推和千川
随心推	DOU+升级版可投视频带货和直播带货
FEED	抖音付费流量推广工具之一 2021年6月1日后大部分功能已迁向千川
千川	小店商家广告搭建、广告投放的一体化平台， 抖音付费流量主流推广工具
GMV	成交总额
CVR	转化率
ATV	平均客单价（零售）
CTR	点击达到率
ECPM	千展平台收益
OCPM	优化展现出价
OCPC	优化点击付费
PCT	客单价（百分比）
ROI	投资报酬比
ICP	《增值电信业务经营许可证》
逼单	促进成单的手段之一
MCN机构	网红经济运作机构
GPM	GMV/购物车千次曝光
LBS引流	适地性服务引流

第一章
了解抖音电商 快速入局

新账号 0 粉丝，在直播第 7 场突破 10 万元销售额，第 11 场不到 2 个小时就卖了 95 万元，最高同时在线 7370 人。这样的案例你见过吗？这对中小企业的实体商家和传统电商来讲，是想都不敢想的事，但在抖音直播电商领域，这种"奇迹"每天都在发生，并不罕见。

工厂 A 之前一直是靠线下加淘宝 C 店的运营模式，像大多数 C 店卖家一样，她家淘宝店一直高不成低不就的，每个月几十万元的销售额，一直突破不了。我们之前在南通服务了好几个家纺客户，做到了家纺类目 Top10，这两个新账号一个月时间都达到 600 多万元销售额。当时这两个账号做成功后，工厂 A 也算是受了同行刺激，通过朋友找到我们，希望能够在抖音上有所发展。

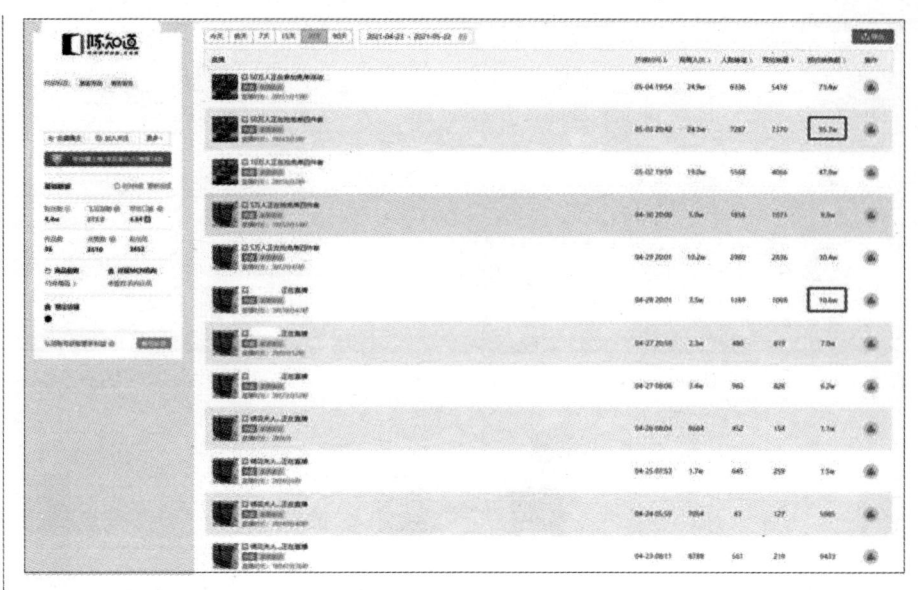

图片来源：汋峙直播（截取时间：2021 年 5 月 21 日）

从上图能看到，通过我们的运营和投放，新账号在第 7 场的时候就突破了 10 万元的 GMV，第 11 场不到 2 小时销售额 95 万元。

图片来源：汝峙直播（截取时间：2021 年 5 月 21 日）

先和你分享一下，在账号运营的过程中我们都做了哪些操作，希望能够帮到你。

（1）在开播前我们对整个直播团队进行了内训，分配了岗位职责。主播负责讲解产品，主播、场控一起负责配合整个直播间的氛围营造，中控负责通过库存的把控来带动直播间的氛围。

（2）整理了话术模版。话术模版主要通过产品价值塑造、价格设计、成交逼单还有贯穿全场的互动话术来设计。

（3）把对标的参考视频拿来学习。因为他们的产品体系和之前做的超级红一样，我们直接让他们对标超级红来学习。

（4）梳理了一套产品结构体系。前面 4 场我们主要通过 19.9 元、29.9

元的乳胶枕头来做秒杀款，突破流量层级；然后用 69.9 元的当季凉席凉被三件套作为我们的秒杀款做承接；后面就是我们的正价利润款。

（5）场景的选择。我们选在仓库直播，因为主题是厂家直销，这样的场景会更有吸引力，从而提升点击率。

（6）前面 2 场，我们没有投放，主要是看主播及团队的配合有没有大的错误。第 2 场至第 5 场，我们进行小额的随心推付费，通过付费精准的客户，参考相应的停留时长、点击率、转化率等指标，根据数据对团队继续优化。

前面几场数据达标后，我们在第 6 场开始配合 DOU+、巨量引擎进行放量投放。

然后，成功地在第 7 场破了 10 万元 GMV。在后面持续优化、稳定放大的过程中，我们的第 11 场播了 1 小时 45 分钟就达到了 95 万元的销售额。因为库存不足就下播了，不然很轻松就能破 100 万元。

以上是我们运营这个账号的大体思路，里面涉及的方法在后文也会有具体讲解。这里是希望通过这个案例让你知道我们为什么要做抖音直播电商。因为现在抖音直播电商就是风口，每天都可以发生"奇迹"，抓住这次机遇，大家都有机会扬帆起航。

接下来，带你走进抖音直播电商的世界。

第一节　月销 1000 万的直播间有哪些核心要素

直播电商，顾名思义就是以直播为表现形式的电商。那么，直播电商的核心本质是什么呢？简单来说，就是人、货、场和流量。下面为大家分析，学会如何协调与搭建直播间，在最短的时间内打造出月销 1000 万元的直播间。

首先，我们要对人、货、场、流有基础的认知。

什么是人？

人，指的是具备了整个体系内所有的培训内容之后达到平台级的主播。按照我们汍峙直播基地培训的主播等级划分，一个初级和新手主播至少要达到培训内容中的初、中级才算合格，才能上岗，并且"人"和"货"的调性要充

图片来源：抖音某账号（截取时间：2021年5月21日）

分匹配。像上图左边是位形体非常好的老师，她通过直播教用户锻炼形体、塑身美型，来打造自己的人设，同时卖的是与锻炼相关的产品，就很协调；右边是位皮肤黝黑、头发乱糟糟、面相憨厚的主播，卖的是自家水果，这个主播给

人的第一印象就是一个地地道道的果农，信任感通过第一视觉感受就建立了。这就是正确的"人"应该具备的两个条件。

那么，货是什么呢？

货，指的是我们自己的产品，供应链和品牌都有自己的产品。直播团队在货品选择上可以有更多的选择，同时也要找到自己的优势。

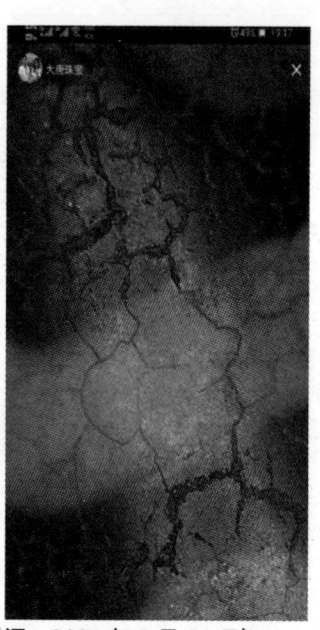

图片来源：抖音某账号（截取时间：2021年5月21日）

上图是一家月销千万的直播间的货品。直播间里主要是卖天珠，天珠在抖音里客单价普遍在300元至500元，但是他们的平均客单价都在1100元左右。同样是天珠，其他直播间里的都是市面上的一些流通货，每个地方都能买到，所以只能打价格战。但他们的产品全都是自己设计的，搭配得非常好，材料也是选上乘品质，从而有了自己的核心竞争力；加上主播从事天珠这个行业十多年，专业知识非常丰厚，销售技巧也很强，这些都是他能月销千万的因素；而且展示这些产品的时候，都用了很大的景深，让背景虚化，从而重点突出产品的细节，用户第一眼看到就能感受到强大的冲击力。

那么，我们货品的核心竞争力来自哪里？主要就来自我们的供应链。同样的产品，我的生产成本比竞争对手便宜（简称同质比价），这就是货品的核心竞争力；同样的产品，我的材质、质量、设计比竞争对手的好，肉眼可见的好（简称同价比量），这就是货品的核心竞争力；同样的产品，你一天只能生产500件，我却能生产1000件，当你爆单的时候产量却跟不上，我却能全部吃下（简称货品深度），这就是货品的核心竞争力。而且好的货品会自带流量，怎么去打造产品的核心竞争力就是每个团队都需要考虑的问题。

那么，场又是指什么呢？

场，指的是在直播的过程中，整个直播间展示出来的实时画面。

好的场景的必备条件，一是要有吸引力，强吸引力才能带来高点击率；二是能清楚地让人们知道你直播的内容是什么。

下页图左边是一家南通卖家纺的，因为直播内容是厂家老板做源头直销，价钱比市面上便宜，所以场景选择的是在仓库里。产品摆放整齐有序，现场还能直接展示产品，相比其他同行都在直播间直播，这种表现形式比较新颖，能够吸引人。右边是卖纸尿裤的，整体场景其实一般，但是她把本场活动的主题直接挂在上方，当人们刷到的时候，就会被"送百台手机"吸引，从而点击进入直播间，这个是她可取的地方。场景是影响点击率一个很大的因素，大家一定要重视。

说完人、货、场，那么流又是什么呢？流就是流量。那么流量都有哪些？

第一，有直播广场的流量，也就是系统推荐的免费流量。第二，流量的来源还有付费的一部分。关于付费流量，千川已经上线，官方正在大力推广，并

图片来源：抖音某账号（截取时间：2021 年 5 月 21 日）

且 FEED 在 2021 年 6 月 1 日后就无法新建直播间广告计划了。在此形势下，千川投放势必成为未来的趋势，并且更智能、更简便，对我们直播团队来说更具备实操性。说白了就是一键式操作，更简单，商家们都能通过千川投放把自己的直播间带活。直播广场、千川这些加起来，就是免费流量和付费流量共同组成的流量池。

在对抖音直播带货的本质——人、货、场和流有了初步了解后，可以试着回忆下自己平时看直播碰到的情况，进行简单拆解。

有的直播间在实时在线 2000 人的情况下，短短十来分钟，销售额就能有十几万甚至二十几万。其实他们的客单价都不高，卖的都是 6.9 元、9.9 元、19.9 元这样的低价位货品。

比如卖珠宝的直播，主播没有露脸，仅出镜一只手。因为像珠宝这样的直播间主体就是货，产品一直展示在直播间，一目了然。这是"货"。

主播讲的所有话术，都是产品塑造，也就是把产品的讲解进行包装。产品塑造又分为产品价值塑造、产品价格设计和成交逼单话术（这是直播行业的一个重要概念——"逼单"。虽然这个词听起来有些让人不太愉快，但却是所有销售行业都最重视的一个环节——为了促成用户下单使用的一种心理战术。（其实这种策略起源于电视购物领域，在电视购物节目中，急促的电话铃声、不断调整的定价、最后 XX 件、今日价格等等，都是最原始状态的"逼单"。）

比如当主播拿出一件产品的时候会说"哇，这个产品怎么这么好看，是什么质地，手感多么多么好，带上去特别衬肤色"等系列话术，然后说："好的，9 块 9 马上给大家上链接！"上完链接后就是又一套成交话术。这是"人"。

展示在每个用户眼前的实时画面，这是"场"。

直播间所有进来的用户，这是"流"。

新手主播和新手团队刷到这样的直播间时，并不知道这个直播间的销量为什么会这么高，对于这个主播在直播间说的话术脚本也没有一个系统的框架认知。

其实前面讲到的产品塑造就是一个脚本话术的底层逻辑。在本书后面的章节中会详细地讲到不同类目、不同直播形式下，主播所有的具体话术该怎么写、怎么练，比如点赞话术、留人话术、互动话术，还有成交话术、逼单（督促成交）话术等。在直播间里，主播说的每一句话都是提前精心设计好的，包括所有套路都有一定的技巧。这也是为什么前面说当了解人、货、场、流，了解直播带货的底层逻辑之后，我们再去做直播就会有不一样的结果，也能尽早达到直播间月销千万的目标。

为什么有些直播间要测品？我们用服装行业来举例。不测品，版型大量生产的话，如果卖得不好，就只能找一些处理渠道卖出去，同时抖音带货还涉及退货率的问题，退货率高低对小店口碑分的影响是非常大的。所以测品对团队而言是非常重要的，而测品就是产品塑造的一部分。

本节比较好理解，先把底层的基础逻辑教给大家，然后去填写架构，丰满话术，打造一个适合自己的框架出来。我们一定要了解，每个人的适合框架都是不一样的。

总结起来就是：好主播加上好产品，加上好的装修场地和好的流量。用付费流量去撬动自然流量，你就会得到完美的人、货、场，从而达到打造月销千万直播间的第一步。

第二节 直播带货是否能赚钱

首先，我们先了解平台现有的 16 种变现模式：

方式一：广告变现；

方式二：商业活动；

方式三：橱窗带货；

方式四：二类电商；

方式五：直播打赏；

方式六：直播带货；

方式七：知识付费；

方式八：私域引流；

方式九：PICK 计划；

方式十：探店类；

方式十一：LBS 引流；

方式十二：MCN 机构；

方式十三：直播工会；

方式十四：巨量引擎；

方式十五：代运营；

方式十六：周边服务。

本节主要带大家了解直播带货，其他的多种变现模式，商家、供应链、品牌可以根据自己的实际情况进行实操。

后端价值巨大的变现行业有哪些呢？比如房产、面包店、零食店甚至二手车，这类账号都可以做到月入百万。他们可以通过抖音这样的流量平台，把自己的业务放在线上，通过直播间把产品进行转化。

举以下这个例子：

这两个蓝V账号都是商家自播。从0到100万元，都是两到三个月，类似这种垂类账号和商家都是通过简单的短视频拍摄快速变现。这里，给大家分享一些关于视频引流带货从而月入百万的小技巧：

图片来源：抖音某账号（截取时间：2021年5月21日）

一、拍自己的产品视频，然后进行投放，把自己的精准用户转到自己的直播间进行售卖。

二、做单品爆款，但是需要强大供应链的支持。产品的利润大概有50%

图片来源：汝峙直播（截取时间：2021年5月21日）

到 70%；直播团队拿出 50% 的利润去进行投放，它的纯付费产出比达到 0.8 至 2，这样就可以直接去搭建一个直播间。

三、做产品的卖点，展示前后对比。 比如化妆品类的眼霜、睫毛膏等，一个涂了一个没有涂，对比很明显，把精准的用户引导到直播间进行转化。

四、供应链高度配合。 比如今天直播间爆单了，卖出了一万单、十万单，供应链可以第一时间出货发货，而不是主播把货卖出去了，后端供应链却无法第一时间出货发货。

当然还会涉及供应链账期的问题，一定要跟供应链有完美的配合，把账期尽可能调整到双方都可以接受的范围。

五、做店播、多主播拉时长。 这种模式将是未来店播的趋势，我们自己现在也在做这样的直播间,并且已经达到了单品单月销售千万的成绩。

图片来源:抖音某账号(截取时间:2021 年 5 月 21 日)

上图这个账号的后台,可以看到上架商品数只有两个,平均每天的销售额在 50 万元,单月销售额能达到 1000 万元。类似这样的直播间也有 24 小时不间断地播,有 10 来个主播每天来回地直播,就只卖一个产品。

第三节　中小企业应该怎么做抖音

对中小企业来说,做直播带货的正确打开方式又是什么呢?其实现在抖音直播的门槛已经很低了,很多中小企业主,三五个人的团队就可以很快地搭建起自己的人货场。我们把它拆分出如下六点:

一、组织架构

四个人的直播小组,需要两个主播、一个运营、一个场控即可。

主播就是前面提到过的好主播,也就是内容完善之后即可达到的水平。老板也可以做主播,但老板最重要的工作是去做选品,寻找供应链。

二、思维转变

很多老板在做直播时最担心的不是没有货,而是没有好的主播。因为很多都是工厂老板，不缺货。抖音这个平台刚兴起，直播带货也刚兴起，因而适合抖音直播带货平台的主播少之又少。我们只要转换思维，主播人才的选择就会非常多——把线下柜姐变成主播，招募、培养线上柜姐，就能很快拥有适合我们直播间的主播了。

① 柜姐思维　④ 团队搭建
② 目标拆分　⑤ 学会投放
③ 单品爆款模式　⑥ DP赛马机制

图片来源：汣峙直播（截取时间：2021年5月21日）

三、目标拆分

我们的目标可以雄伟，但有时会稍显"远大"，所以我们可以先立一个"小目标"，把打造单场百万直播间的目标，拆分成十个单场十万的直播间。因为我们的产品和主播应用的模式是可以复制的，这样每一天的总销售额就能达到一百万，而且成本包括时间和难度都会相对低一些。

四、学会选品，学会投放

对老板来说，团队里边有需要会做投放的，有需要会做选品的，这些运营知识也是可以通过学习获得的。

五、单品爆款的玩法

前文已经提到，对个别的品牌和供应链来说，如果是自播，那么多品类混合是非常不适合的，所以一定要做垂类，把自己的垂类做专、做垂、做深。无论是单品类，还是单品爆款，机会都是非常大的。

六、矩阵复制

对直播小组来说一定是可复制的。一旦一个模式跑通、一个品跑通，团队就可以快速复制这样的直播小组。这就是前面第三点提到的拆分、复制的执行阶段。

将一个单场销售额10万元的直播间快速复制成十个，那么一天100万元的销售额就非常容易达到；而对一个中小企业来说，最重要的是做自己擅长和能做的事情，然后快速把自己的模式按模板化、标准化复制。

总结一下，我们主要做了什么？

我们是把主播思维变成了线上柜姐的思维。很多品牌、供应商招不到合适的主播，主要是因为这个行业在这方面没有专业的定位，也没有专业的培训。我们把线下柜姐培训成适合做线上直播带货的主播，在这个行业红利下，就相当于把带货主播这个职业做了升级，把直播间的门槛降低，将我们所有人、所有项目、所有品牌、所有供应链以及让自己盈利的小直播间做到标准化、规模化、可复制化。

未来品牌的自播垂类号矩阵会成为品牌供应链的必争之地。大家的品都是现有的，逐步优化它的价格、排名和技巧之后，我们需要的是大量的主播资源。带货主播这个职业，未来会有大量的需求。现阶段直播盈利的门槛相对较低，入局企业也越来越多，带货主播的人才缺口就会变得越来越大，因此大家可以抓紧时间入局，抓住机会，打破现有瓶颈。

第四节　直播间团队：岗位如何设置和分工

上一节带大家了解了企业该怎么正确地进入抖音电商直播这个领域，那么正式进入这个领域前，首先要考虑的就是一个完整的直播间团队到底需要什么样的角色？需要多少人？分别要负责做什么事情？对一个直播团队来讲，必须要有的几个职位是什么？接下来详细地介绍一下一个完整直播间团队的架构：

一、主播

主播就是销售，需要进行标准化培训、熟悉产品、制定话术、参与直播的策划，这是主播岗位需要具备的技能。

二、运营

运营主要负责直播间的活动策划、人气提升、数据复盘、付费推广，相当于项目负责人。

三、中控

中控就是直播过程中负责小店上下链接，通过库存的设置从而带动直播间氛围；同时负责动态评分、带货口碑，保证直播间的口碑分不会太低，从而避免不能直播的情况。

四、副播

副播就是主播助理的角色，这个岗位可以由实习的主播来担当，主要的工作是辅助主播进行调度和辅助主播调节直播间气氛。

五、选品

在很多小团队里，选品的岗位是由老板自己负责的。在大的直播团队中，会设有专门的选品部门，专门负责给主播在直播前提供最优质的选品。

那么，团队的架构与职能、职责安排应该是什么样子的呢？

团队架构中应该拥有主播、副播、运营、中控、选品、客服、售后、制片人。细心的人会注意到，这里比上面的直播岗位多了客服、售后和制片人。除了前端直播间的人员之外，还要有后端的工作人员，比如售后人员负责直播间的订单处理；制片人的任务除了在直播前拍一些人设视频和爆品视频，还需要在直播中拍摄视频和剪辑视频。其实这种团队架构针对的是品牌方和供应链，从而构成一个完整的直播带货团队。

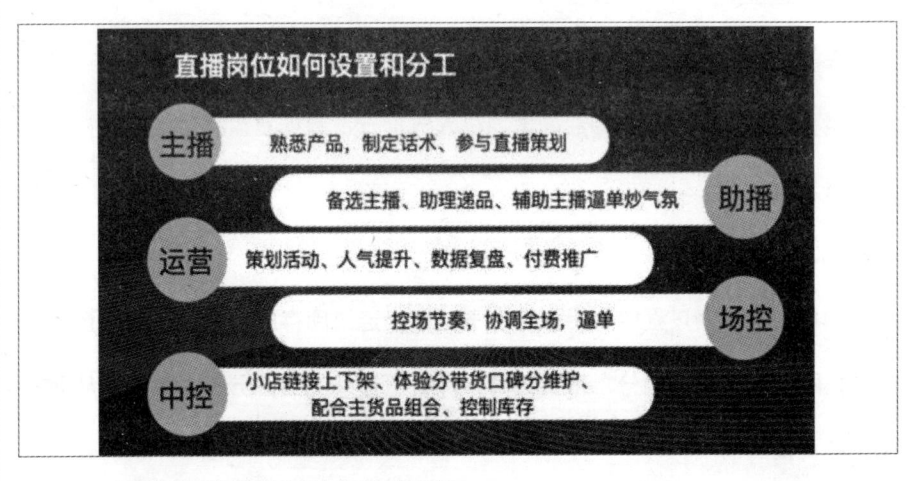

直播岗位如何设置和分工

- 主播：熟悉产品，制定话术，参与直播策划
- 助播：备选主播、助理递品、辅助主播逼单炒气氛
- 运营：策划活动、人气提升、数据复盘、付费推广
- 场控：控场节奏，协调全场，逼单
- 中控：小店链接上下架、体验分带货口碑分维护、配合主货品组合、控制库存

一个直播间完整的职位有哪些呢？

由产品运营也就是直播的负责人发起品类的规划、货品的组成以及数据运营；活动策划是指大品牌促销或者节日大促的时候去策划相关的线上活动，其实这个岗位在小的直播团队里是不太需要的；内容编导主要是负责各种话术的编写；主播是熟悉话术，做好复盘并总结（主播的主要角色是在直播间引导消

费者购物）；场控就是负责各种设备的调试，在直播的过程中还负责产品上下链接。

对小企业或者个体经营者来讲，最精简的直播团队需要多少人呢？

对大部分新手直播间来讲，两个人的团队就足够了，一个月销千万的直播间有时候也就两个人。运营负责把所有的数据、选品、策划等一系列工作全部承担起来。主播负责熟悉产品、熟悉脚本、训练、不停地播。这样的团队是最精简的。当然，有时候我们为了直播间可以一天开播10个小时，肯定需要多几个主播，但是所有的工作一个能干的运营也可以胜任，甚至有的直播间可以精简到主播一个人边播边上链接，在这种情况下只需要一些技术设备的支持就够了。（见图1）

那全能型的运营都能干什么？运营干得了策划，干得了营销，干得了商务，干得了场控，干得了技术。

现在大部分直播间都选用的是基础版的配置，也就是一个运营（运营兼顾场控的工作）、一个活动内容策划、两个主播（轮播）。（见图2）

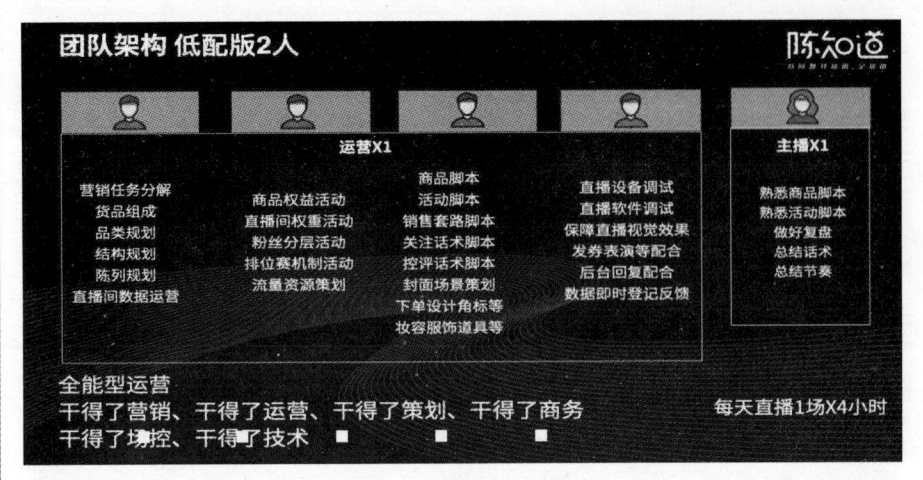

团队架构 低配版2人

运营X1

- 营销任务分解
- 货品组成
- 品类规划
- 结构规划
- 陈列规划
- 直播间数据运营

- 商品权益活动
- 直播间权重活动
- 粉丝分层活动
- 排位赛机制活动
- 流量资源策划

- 商品脚本
- 活动脚本
- 销售套路脚本
- 关注话术脚本
- 控评话术脚本
- 封面场景策划
- 下单设计角标等
- 妆容服饰道具等

- 直播设备调试
- 直播软件调试
- 保障直播视觉效果
- 发券表演等配合
- 后台回复配合
- 数据即时登记反馈

主播X1

- 熟悉商品脚本
- 熟悉活动脚本
- 做好复盘
- 总结话术
- 总结节奏

全能型运营
干得了营销、干得了运营、干得了策划、干得了商务、干得了场控、干得了技术

每天直播1场X4小时

图1

团队架构 基础版4人

运营X1

- 营销任务分解
- 货品组成
- 品类规划
- 结构规划
- 陈列规划
- 直播间数据运营

- 直播设备调试
- 直播软件调试
- 保障直播视觉效果
- 发券表演等配合
- 后台回复配合
- 数据即时登记反馈

策划X1

- 商品权益活动
- 直播间权重活动
- 粉丝分层活动
- 排位赛机制活动
- 流量资源策划

- 商品脚本
- 活动脚本
- 销售套路脚本
- 关注话术脚本
- 控评话术脚本
- 封面场景策划

主播X2

- 熟悉商品脚本
- 熟悉活动脚本
- 做好复盘
- 总结话术
- 总结节奏
- 总结情绪声音

运营把场控兼了　　　　活动内容策划

每天直播1场
防止人员流失
直播拉时长
至少2人

图2

当你看完这本书，无论主播也好、老板也好，大部分都是完全可以胜任运营工作的。现在市场除了主播之外，运营也是非常稀缺的职位。所以老板最好自己掌握运营能力，或者公司团队里合伙人去充当运营的角色，主播也尽量选择团队核心成员，这样可以降低团队的用人风险。

前面提到过把主播思维转变为线上柜姐的思维，类似这样的思维转变就是可以很快将直播间标准化、规模化的思维。

最后分享一下豪华直播间的团队架构，这是适合直播公司、MCN 机构（Muti-Channel Network，即内容创作者的公司星管家，也称网红经纪人、网红中介机构）的直播间结构搭建模式，在准备服务一些卫视大厂、民生大厂的时候，服务的人员要有 10 个人到 50 个人之间。因为混品的一个最大特点就是品类多，需要沟通的事情也很多，现场需要用到的设备也比较复杂，所以团队需要配置更多的人。（见图 3）

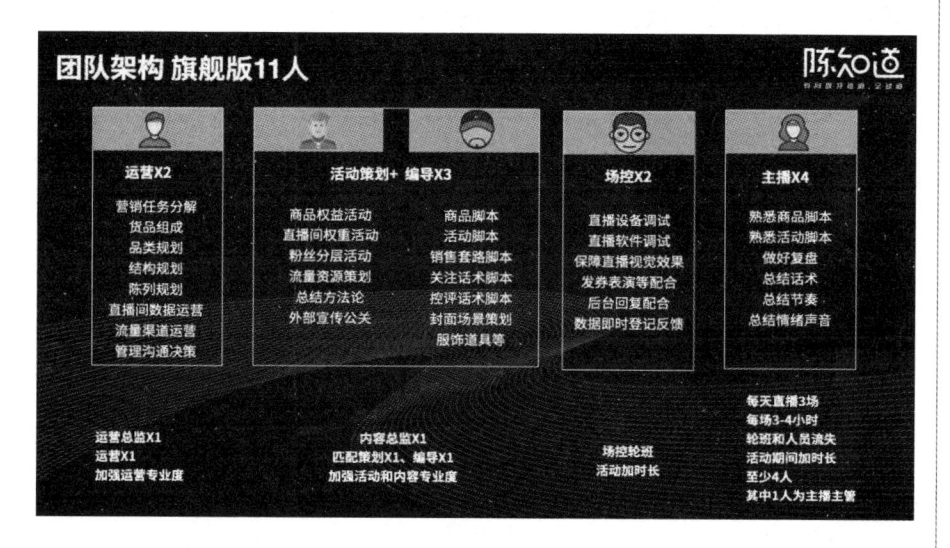

图 3

这样的团队被称为旗舰版，旗舰版通常需要 11 个人：运营 2 名、活动编导 3 名、场控 2 名、主播 4 名。这些人员主要服务一些需要代播、代运营的大品牌客户。

运营分为运营总监和运营。内容分为内容总监和匹配策划，主要负责活动策划、排位赛，还有粉丝运营、对外宣传。一般明星大厂或卫视，会提前很长时间进行预热。因此，场控需要轮班工作，每人4小时地上链接、递品。主播需要配置4个，2个正式主播、2个助播，以便进行长时间的直播。

关于团队架构，其实没有固定的法则。搭建团队的核心，还是要看品牌方和供应链自己的情况来制定，核心还是最开始提到的分工，也就是说直播间需要这些岗位可以做到随时开播。最后强调一下，主播是不可或缺的，其他的岗位，老板或者主播都是可以去学习并承担的。

第五节 直播间的搭建

上面已经讲过团队成员的职责分配，这一节主要讲一下场景搭建。

一、场景选择

场景搭建分为实景搭建和虚拟场景搭建。实景搭建就是实际搭建一个场景进行直播，比较常见的有明星直播间、座谈会等等。这类场景对直播场地、设备的要求比较高。高品质的实景搭建，费用较为昂贵。

虚拟场景直播，是运用影视行业的色键抠像技术，将蓝、绿幕实时抠除，再实时置换成直播时需要的理想场景。

虚拟场景对中小型客户和刚接触直播的用户有更明显的优势。首先虚拟场景操作更加便捷、成本更低；其次，虚拟场景更容易实现换景。实景直播间搭建完成后，想要换景就得重新装修，是一项复杂的工程，而虚拟场景的实时切换，完全能做到一物一景，方便根据货品种类进行选景。

二、直播间灯光选择

直播间效果好不好，打光很重要。我们常用三点式布光。

三点式布光，又称为区域照明，有三盏灯即可，分别为主体光、辅助光与

轮廓光。三点式布光一般用于较小范围的场景照明，因为直播间的面积有限，是最简单且有效的布光方式。（见图4）

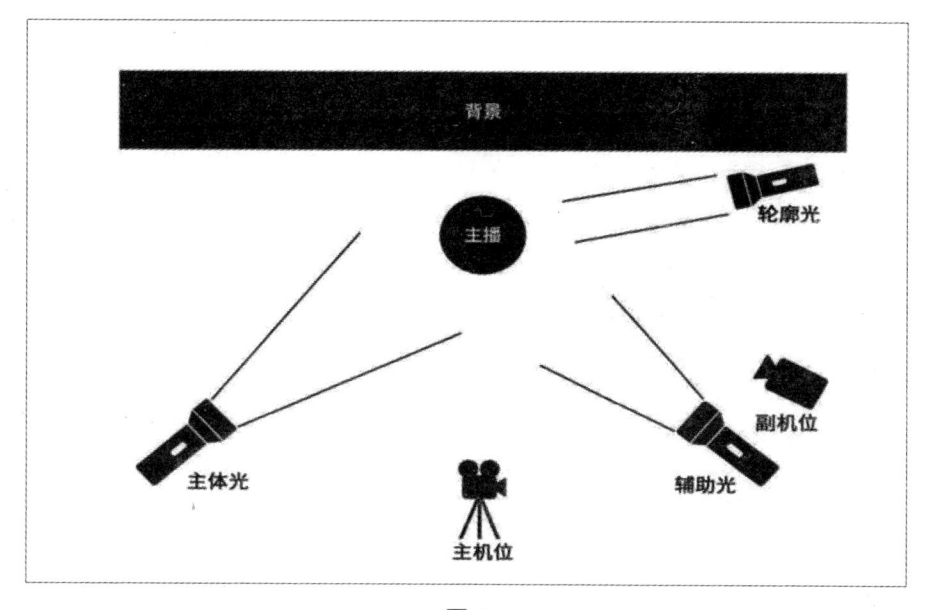

图4

主体光与主播呈45度角，辅助光将主播脸上的暗部打亮，主体光与辅助光的光比为2：1。轮廓光打在主播的头部后方，目的是使黑色的头发与黑色背景分离开，使画面更有层次。

打光尽量使用带柔光的设备，如柔光纸、柔光箱，目的是使主体上的阴影看起来不会太重，达到美观的效果。打光切忌主体光方向与摄像机的拍摄方向相同，因为这样会使画面看起来没有层次。

服饰、美妆：使用白光，白光接近自然光的色温，有利于在镜头前展示服装和化妆品、护肤品等产品的真实状态，减少色差。

美食、家居：使用偏暖光可以把食物衬托得更可口，家居显得更温馨。

珠宝类： 结合珠宝类型和光泽，再决定用白光还是暖光。

三、墙面选择

1. 重刷墙漆，贴墙纸、墙布（造价相对较高）。以纯色为主，选择莫兰迪色系等低饱和度的颜色，可以在墙上装饰品牌 logo，强化客户印象。

2. 灰色是最安全的色彩，比较简约，是一个中立色，可以和任何色彩搭配。也是摄像头最适合的背景色，不会过度曝光，视觉舒适，有利于突出服装、妆容或者产品的颜色。

3. 不反光，不宜使用荧光色等刺眼的色彩。

4. 最好选择浅色、纯色，以简约、大方、明亮为主，不要太花哨，否则会影响观众的注意力。不建议使用白墙，容易导致打光问题和曝光过度。

5. 灯光不够专业的情况下，可以选用深色背景，会显得主播比较白净一些，但是深色系会让买家产生距离感。

6. 使用背景布。可以任意更换，给买家带来新鲜感，成本也不会很高。

四、色彩建议

实景直播间

1. 主播衣着色调应该避免跟产品、背景板、软装等重色融合。（背景、人物、产品三者颜色要形成对比，以突出主播和产品。）

2. 直播间的软装配色应该与品牌调性一致，或者与直播主题相吻合。

3. 直播间的打光要与直播间软装相搭配，保持直播的视觉一致，不要过度曝光或过于昏暗。

虚拟直播间

1. 建议穿着深色系的服装，衣服边缘清晰，这样抠像效果较好。（不建议毛绒材质，因为抠像效果差，会带绿色毛边，观众会被这些小细节影响而转移注意力。）

2. 主播不要穿着蓝色、绿色的衣服跟饰品，谨慎穿着黄绿色、蓝绿色等色系的衣服。否则背景抠像的同时，也会造成主播的衣服被抠掉，使得画面不美观。

3. 主播衣着色调应该避免跟产品、字幕、弹幕等重色融合。（背景、人物、产品三者颜色要区分开。）

4. 直播间的打光应提早进行测试和调整，以免因灯光问题导致产品色彩出现偏差，从而使得产品被绿幕抠掉。（如果产品本身是蓝绿色系的包装，则不建议使用绿幕/蓝幕抠像。）

五、直播间构图

直播间应有"121式"的竖屏构图特点（见图5）：

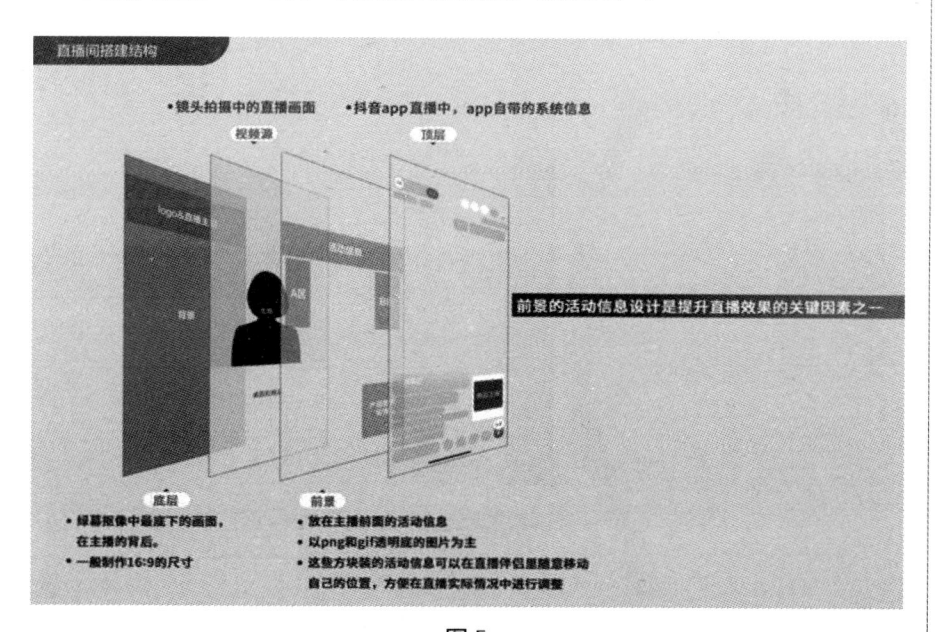

图5

1. 上部：1/4 留白处放置品牌 logo、产品贴图；

2. 中部：主播半身出镜，占屏幕的 1/2，保持眼睛对视镜头；

3. 下部：前景操作台占 1/4，放置主要产品。

实景直播场景构图要注意不要和抖音直播的其他组件相冲突，如图：手机刘海和系统栏不要放内容；设计区域可以放品牌 logo 和活动相关信息，还要与背景融合；商品展示区要注意，商品要高于弹幕至少 1/3 处，或者选择前景贴图。下方用户弹幕区一般保持干净，适当放置购物引导性图片；还要注意产品出血区等问题。（见图 6）

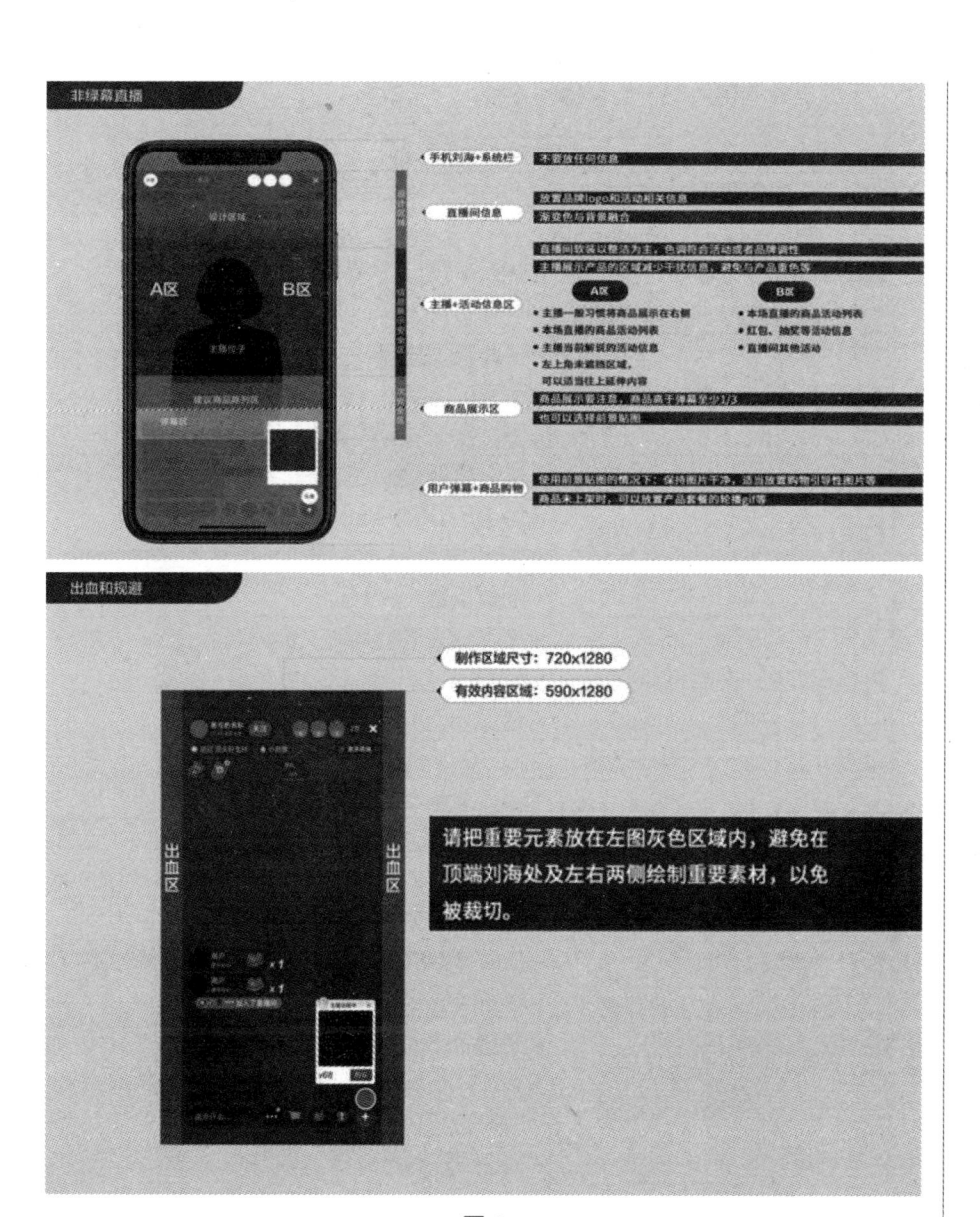

图 6

下面是业内常用的一些直播间设备。

常用设备推荐表

设备名称	型号
直播间设备——手机	iPhone 11以上型号
直播间设备——摄像头	• 推荐直播摄像头品牌——罗技 • 型号C1000e（¥1999）• 数量1个 • 罗技摄像头用三脚架• 数量1个
直播间灯光——顶部主光源	• 推荐照明品牌飞利浦、欧普 • 色温5700K-6500K • 光源选择——暖白光 • 照明瓦数——9瓦
直播间灯光——局部辅光源	• 推荐辅光源品牌——金贝 • 型号EF-150W. LED摄影灯• 数量2盏 • 金贝JB3000B灯架• 数量2个
直播间灯光——局部辅光源	金贝30cm柔光球适合播服装
	金贝50cm柔光球适合播标品
直播间灯光——局部辅光源	• 推荐辅光源品牌——南冠 • 型号CN-R480C LED环形美颜灯• 数量1盏 • 南冠L280三脚架• 数量1个
直播间设备——台式电脑	• Intei酷睿i79700F处理器 • GeForce RTX2060显卡 • 三星256G固态硬盘 • WD1T机械硬盘 • 16G运行内存 • 27寸显示器

直播间分为简版和豪华版。简版即为手机直播，只需要两个补光灯、一个手机支架、一个声卡和一部手机即可，建议选择不低于苹果8相机像素的手机。这些设备准备好后，想要丰富自己的直播间，可以制作一个和本次直播内容相关的背景板。电子的背景板（大一点的电脑显示屏、电视）也可以，打印好

的 KT 板（泡沫板）也可以。其实只要花费几千元就可以搭建一个很好的直播间了，不需要准备很高端的设备，比如单反相机，对刚起步的小直播间来说性价比不高，上述的设备就足够了。

豪华版即电脑直播。什么类型的直播间需要用到电脑直播呢？比如大厂、罗永浩；还有一些珠宝的直播，因为珠宝直播间需要很惊喜地看到珠宝的样子。另外，像很多淘宝直播过来的带货主播，他们会用电脑直播多一点。电脑直播需要什么呢？摄像头、补光灯、声卡、直播伴侣、投屏软件和电脑，相对贵一些，不过这个费用最终也是合算的。一个刚起步的直播间想做电脑直播的话，前期可以购买二手产品，准备 3000 元至 5000 元的设备预算就可以了。高端一点的话，预算可能会过万元。根据自己对直播间的需求购买即可。

前期能用二手的设备就不要浪费钱购买新的，不需要在设备方面过多地投入资金，毕竟直播间运营起来后用到资金的地方有很多。要把钱用在刀刃上，换取更大的利益。

第六节　如何合理设置主播分级薪资

了解团队架构以及怎么搭建直播间后，摆在眼前的一个很现实的问题是员工的工资问题。主播关心能拿到多少工资，老板思考的是给多少提成才能留住主播。很多团队由于不会设计主播的分成机制，导致主播离职。也有很多主播因为分成不合理，另谋他就。这些问题在这个行业非常常见。

老板一定要在主播入职的时候就提前讲好分成机制，分成机制合理才能合作长久；主播也要在一开始就明确好薪资的具体情况，避免后期产生不必要的麻烦。在不满足现状的情况下及时提出自己的诉求，一旦决定合作，就要遵守契约精神。这样，大家都可以愉快地建立长期合作关系。

因为地域和环境差异，每个城市的薪资都不一样。下面给大家分享我们汍峙直播基地的主播薪资架构，供大家参考。

图 7 是我们的主播分级薪资设定。首先我们会根据主播的能力对主播进行评级，等级从高至低，分为 S 级、A 级、B 级、C 级和 D 级。D 级是试用期的主播，每往上一级就会从底薪、绩效、补贴、出勤，包括利润分成上做相应的奖励。我们用分值做评级，同时有绩效考核标准，按照绩效考核打分。绩效为最低绩效，如果分值不超过 50 分的将会扣除当月绩效。利润分成在这里分享一个计算公式：

主播分级		底薪	绩效	补贴	出勤	利润分成	等级分值
S级	IP级主播	合伙级别直播制度相对计划					
A级	资深主播	xxxx	xxxx	xxxx	xxxx	xx%	85以上
B级	中级主播	xxxx	xxxx	xxxx	xxxx	xx%	75-85
C级	初级主播	xxxx			xxxx		60-75
D级	试用主播						

绩效考核完成后，按照绩效考核打分，绩效为最低绩效。如打分不足50分，将会扣除当月绩效。
利润=（总流水－退货）×利润率－投放成本－福利成本－本月团队成本。
评级根据每月主播GMV总体体量来定。
主播分成收入另一个维度判定根据当月参与项目来定（每个项目分成机制各不同）。

图 7

利润分成基数 =（总流水－退款金额）× 利润率－投放成本

每一个团队核算成本的方式是不一样的，这里分享的是我们团队的成本核算方式，供还没有核算成本方法的团队参考。

那么每个等级对应的都是什么级别的主播呢？一般来说，S 级是平台级、合伙人级别，我们甚至可以把整个直播间的大部分收入分给S级主播，其余的再去派发给团队的其他主播。这样能保证我们培养的素人主播从D级到S级之后，依然和我们的公司紧紧捆绑在一起。

能力评级	底薪	绩效	提成	晋级标准	降级标准
级别	合伙级别，定制计划				
S	30000	1500~3000	销售额2%	A级连续三个月考核85分，且连续三个月销售超过200万元	连续三个月考核低于80分或者销售额低于150万元，降级为A
A	15000	1000~1500	销售额1.5%	B级连续三个月考核85分，且连续三个月销售超过150万元	连续三个月考核低于80分或者销售额低于100万元，降级为B
B	6000	800~1500	销售额1%	C级连续三个月考核85分，且连续三个月销售超过120万元	连续三个月考核低于80分或者销售额低于80万元，降级为C
C	5000	500~1200	销售额1%	D级连续三个月考核85分，且连续三个月销售超过90万元	连续三个月考核低于80分或者销售额低于55万元，降级为D
D	3000	500~1200	销售额0.5%	E级连续三个月考核85分，且连续三个月销售超过60万元	连续三个月考核低于80分或者销售额低于35万元，降级为E
E	1000	300~1000		试用期连续一个月考核80分以上，且月销售超过30万	连续三个月考核低于80分或者销售额低于25万元，降级为试用
试用	0	300~1000		试用期考核80分以上	连续两个月考核低于75分，转岗
试用期内优秀表现奖励					
单场直播销售额达到3万元，奖励200元/次；单场直播销售额达到4万~5万元，奖励300元/次；单场直播销售额达到5万~8万元，奖励500元/次；单场直播销售额超过8万元，奖励800元/次。					

图 8

再来说一下主播人才市场的平均薪资水平，可以看图8的表格。我们的很多团队，因为城市的不同和类目的不同，定价有高有低，没有固定的标准。这里把汍峙直播基地用的薪资体系分享出来，供大家参考。

我们试用期一般采用一个月1000元以内的薪资标准，其实就是车补。不过我们试用期的主播是没有底薪的，也没有任何补贴。因为我们能提供很专业的培训。现在我们的主播越来越多，并且通过我们初、中级培训的主播也越来越多，所以我们已经不再需要给主播设置试用期了。

到我们这里的主播基本都是中级，也就是B级主播。我们B级底薪每月

6000 元，绩效在 500 元至 1200 元，销售额提成 1%，连续三个月考核达到 85 分，且连续三个月销售超过 120 万元可以晋级到 A 级主播。同样，针对 B 级主播，我们的降级标准是连续三个月考核低于 80 分或者销售额低于 80 万元则降为 C 级主播。这就是我们的主播评级机制。

另外还有奖励分成的机制和评级的打分标准，后面的章节中也会提到。主播的底薪根据各自的城市和各自的类目品牌去定就可以了，1000 元、3000 元、5000 元、6000 元、15000 元、30000 元都是可以的。当然，合伙人级别的主播，也就是 S 级主播是可以不考虑底薪问题的，合伙人级别的主播一定要做到给主播定制计划。基本上好的主播都是底薪+销售额的返点，将销售额和主播的薪资收入挂钩，这样做也非常有利于直播间早日达到月销千万元。

关于试用期表现优异的主播一定要给一些奖励，比如单场直播销售额达到 30000 元的可以奖励 200 元。具体的奖励可根据每一个直播间的不同情况灵活调整。

图 9 是主播评级打分表。这个打分表在绩效考核的时候要分发给运营、中控、其他主播和老板。每个人从自己的岗位出发对主播进行全方位的评级。打分表分为四大类别，每个类别中有详细具体的小类别。

汝峤主播部统计员绩效考核表

被考核对象		部门			职务			综合得分	
考评负责人		考评时间 至			填表时间			等级	
考核项目	细分指标/关键指标	权重(分)	指标具体内容及定义	评分标准：优秀100%；良好80%；一般60%；较差40%；很差20%			考评得分（取平均值）	备注
				自我评分	同事评分	领导评分		
个人能力	个人形象	5	1. 对主播个人穿搭能力进行考核，写进主播工作日志，未完成扣1分，扣完为止。 2. 不注意形象跟直播间不符，随意化妆扣1分。					
	控场能力	10	1. 没有主动控制直播间气氛，带动粉丝参与互动的积极性，引导粉丝关注或加粉丝团，分享扣2分。 2. 无视直播间气氛，整场按照个人喜好口播扣5分。					
	产品知识	10	1. 熟练掌握产品卖点，有自己口播产品的特点并被大多数分析喜好。 2. 熟悉产品的特点，有自己的口播话术。 3. 对产品特点生疏，需要对照产品资料口播，扣2分。 4. 主播每日对产品直播脚本进行下播后总结，做不到扣5分。					
	领域知识	10	1. 精通所播的专业知识，对领域知识能够做到细致入微的讲解，不借助现资料。 2. 对所播的专业知识一定了解，需要借助现场资料。 3. 对所播的专业知识不熟悉，经常无法解答粉丝问题，扣2分。					
	学习能力	10	1. 主播经常观看同行比较优秀的直播，并录屏分析。每月要求10次，达不到扣2分。 2. 定期参加培训，经常在小组培训中分享。 3. 参加培训不积极，对所培训知识不整理，无法按时完成培训任务，扣2分。					
建议范围	团结封号	15	团投前公布禁止的行为，导致店铺扣分，每次扣5分，不设上限。					
职业素养	分享能力	5	1. 提出自己有效的建议分享给身边的人。 2. 能提出自己的建议但很少主动分享，被动指导他人。 3. 缺少主动沟通，对他人的建议抵触情绪大。					
	创新能力	5	1. 有创新意识，总能自己策划活动，执行别人没有的活动。 2. 有创新意识，自己能简单策划活动，但执行不到位，扣1分。 3. 缺乏创新意识，工作停留在执行阶段，少有改进，扣2分。					
	团队协作	15	1. 能够高度配合团队，给予团队有效建议和帮助。 2. 能够较好地分配上级工作，工作完成及时。 3. 协作能力一般，配合上缺乏主动性。 4. 个人主观意识过强，未能协商自我改要求，配合度差。 5. 未能做好开播前准备工作，导致直播延迟，每次扣5分。					
	执行力	5	1. 能积极按时完成上级交代的任务。 2. 稍有延时，但能完成上级交代的任务。 3. 在监督下完成任务，偶有拖沓、未完成现象。					
知识、技能与品质	抗压能力	5	1. 能够承担大型活动或额外工作量，任劳任怨，尽职所能完成任务。 2. 总是抱有信心，并始终积极努力地做好工作。 3. 能适应工作，但很少主动承担工作。					
	愿望与态度	5	主要指公司要求的通用类素质。					
			合计					
出勤扣分		处罚扣分			奖励加分			综合得分	
评价等级		A: 90分以上　B: 80~89分　C: 70~79分　D: 60~69分　E: 59分以下							
评语及建议	包括综合评价、培训提升、能力提高、问题改进等评级及建议								
晋升建议	根据本次评价，特决定该员工： □转正：在 任 职 □续签劳动合同，自　年　月　日至　年　月　日 □降职为： □成就/降薪为： □辞退								
签名	自评人签名： 日期：	他评人签名： 日期：		领导签名： 日期：	考评负责人签名： 日期：				

图 9

第一部分：个人能力。

这里包含：个人形象、控场能力、产品知识、领域知识和学习能力。这里的个人形象不是说主播长的怎么样，主要是指主播和货品的属性是否和谐，是否和场景搭配；控场能力是指有没有主动控制直播间的气氛、有没有带动粉丝参与互动、是不是无视直播间的气氛；产品知识就是对产品的卖点和特点是否都熟记于心，是否有自己的口播话术；领域知识是指每一个类目的主播在这个领域有没有一定的基础知识，当主播有了基本技巧和直播能力后，我们可以让他在这个垂类领域中做深耕，比如珠宝领域、书画领域，这些领域没有基础知识是无法做成一个好直播间的；学习能力主要是看主播能不能去自我提升，我们在给主播培训之后，他们有没有主动学习的意愿。这是我们针对主播个人能力的考核标准。

第二部分：错误范围。

比如说违禁词封号的直播间。经常有主播在直播的过程中过于兴奋，不经意中出现违禁词，导致直播间被封，诸如此类的情况肯定是要扣分的。所以要在主播上播前明确告知他哪些事情不能做、哪些词语是违禁词。

第三部分：职业素养。

比如在公司内部工作了一段时间的主播，愿不愿意去培训新入职的主播或者新手主播，愿不愿意将自己的经验分享给整个团队？这也是一个考核标准。主播的创新能力是指能不能在有大型促销的情况下，或者在节日到来的情况下进行脚本的更新。职业素养中还有团队协作和执行力，这里指的是主播可能比较优秀，那么团队为其匹配新人，作为主播愿不愿意分享自己的经验，愿不愿意带领团队，这些都是考核的标准。执行力就是上级或者运营交代给主播的一些话术、互动的方式，他是否愿意去执行。很多以前是短视频达人，想转到带货主播行列，这类主播经常不太愿意和运营配合，就会非常麻烦。因为运营相对更专业，运营给主播提供一些带货技巧，如果个别主播不愿听从，优化就无法执行，从而导致销售额不高。所以素人主播的执行力至关重要，我们也要将这些作为一个好主播的考核标准。

第四部分：知识、技能与品质。

抗压能力是指一场直播卖得非常好，那么主播能不能在工作之外的时间积极地参与进来。这里讲一个我们素人主播的案例。

这个主播是一个素人主播，正常情况下素人主播每天直播 8 个小时。那天她第一次单场销售额过百万元，连播了13个小时，其间没有去过洗手间，只喝过一次水，并且没有吃饭，一直带着场控和运营在直播，中途一次都没有休息过。我们不是说提倡这种工作频率，我们只是在阐述这样的事实。其实这样的情况，在直播带货行业中是很正常的，某平台头部主播就在以前的采访中提到过自己直播10个小时一直没有吃饭，这样的态度是我们能造就百万直播间的一个必备条件。我们希望所有的主播都具备这样的意识。

愿望和态度是指对于公司要求的这些通用素质，比如创新与改善能力、诚信正直、责任感、纪律性等，也就是对于主播人品、品格的打分。

我们这里的管理方式是每个月都会做一次这样的打分，也对每一位主播和其所在的直播间做复盘，以此来决定这个主播是晋升还是降级，还有薪资等，这些问题我们都是通过主播等级评分表格来决定的。经过这样成体系的培训，主播会有一个非常健康、非常人性的薪资定位和考核标准，使我们在管理层面上与主播有长久合作的可能。对表现好的主播，我们应该怎么去对待，表现不好的主播，我们又应该怎么去对待，都会有相应的机制与标准。

　　一个好的直播间离不开团队的每一个成员，所以我们对每一个岗位都要有对应的奖惩机制，尤其是最容易流失的主播岗，让主播对团队充满责任感，才能使团队呈良性的发展。

　　以上是基于我的认知，给小白用户的一些话。将来无论你是单兵作战还是抱团取暖，上面这些同样适用。因为这些都是很明确的规则，只要你能在大环境下认清并恪守这些规则，便是保底的60分，就已经立于不败之地，可以证明和发挥你的价值。

第二章 主播成长规划

上一章，我们把整个抖音直播的框架梳理了一遍，接下来就是重点的主播内容阶段。不管是作为企业经营者、项目负责人，还是主播个人，都需要明确知道好主播的评判标准，以及主播未来的发展规划，还要及时了解主播当下的情况，以便提前制定主播下一成长阶段的目标。

第一节　好主播的标准和必备能力

顶级主播的标准有六条：

1. 销售的 GMV 高；

2. 承接能力强；

3. ROI（即投资回报率）转化好；

4. 点击率高；

5. 互动率高；

6. 稳定的输出（坚持开播）。

这六条标准主要是通过完播后的具体数据指标来进行考核评估的。根据不同的类目和市场大盘情况，数据指标也会有所不同。我们可以通过前期的主播培训和具体技巧的锻炼来达成上面的结果，后文会介绍详细方法。

在数据指标之外，主播还要做到以下四点心态上的必备要求：

第一，有自信心。

第二，抛去自我成见。

第三，有激情。

第四，有团队意识。

我们团队一共解析了2000多个优秀的直播间，并且结合自己主播的经验，一致得出结论：对于主播来说，自信是最重要的心态。为什么主播要有自信心？因为对产品自信，说话才会有底气，才能感染用户。在直播带货这样一个环境下，用户都是偏冲动下单，当然越往后，抖音的搜索购物用户会越多，更会趋近于体验性消费。在直播这种交互场景中，最重要的就是能否感染用户，让用户产生代入感，从而完成购买。所以主播必须要充分相信自己的产品，要有"我的产品就是好""我的产品XX功能就是市面上最好的""我的产品设计就是最独特的"这样的自信，将这种底气通过语气传递给用户，让用户产生信任。有了这种底气，即使我们的产品讲解话术没那么强，依然能有很好的转化。

对自己有信心，"我可以，我能行，没问题"，这样才能更好地表达，更好地控制直播间的节奏，让用户跟着我们的节奏走，这就是自信的作用。

抛去自我成见是什么意思呢？主播就是不同表现形式的销售，销售要考虑的就是能为用户带来什么，始终站在用户的角度去想问题。

举个例子，我们有位主播，家里条件非常好，之前在汽车 4S 店做销售，因为看好直播这个行业才选择加入我们。当时让她负责南通的家纺，原价 99 元一对儿的枕头，我们的福利价是 19.9 元。其实质量还可以，因为本来做的就是 200 元左右客单的产品，针对的用户群体主要也是一些中低层次的消费者。当时，主播自己家一块地毯就 8 万块，她的观念一时没转变过来，就觉得这枕头质量这也不好那也不好。因而在讲解产品的时候一直没有代入感，直接的表现就是直播间的转化率只有不到 1%。我们复盘调整后，主播能考虑到消费群体的想法，开始慢慢抛去自我成见，转化率也上升到了 4%，整个人的状态也越来越好，后来当月就突破了 800 万元销售额。

希望每一位主播都能抛去自我成见，不以自己的情况去主观思考问题，要多站在用户端，思考用户都想要些什么、在意什么。

主播为什么要有激情？如果一个人对自己所从事的职业没有热情或者只是为了赚钱，那他就只会很机械化地去工作，而且没有激情的直播间就像一潭死水，感染不了客户。

最后是团队意识，当一个新的主播来了，要想快速融入新团队，就必须摒弃原有的程序和陋习，跟着团队一起进步，因为抖音直播带货平台有自己的规则。当然，对所有的供应链和商家品牌的老板来说，团队跟主播之间肯定要有足够的配合度。

第二节　新手主播必备的三大基础能力

知道了优秀主播应该具备哪些品质，那么企业又该怎样去看新手主播是否有潜质，是否值得培养？想做主播的小伙伴又该怎样去评判自己是否适合这个职业呢？给大家几个考核的建议：

一、性格

每个团队都需要一个外向、不怯场、敢说话、有激情，并且真心喜欢这个职业，同时能接得住任何大小场面的主播。当然，不是说这种性格和能力不能被培养出来，以我们的经验，主播在通过线上、线下培训后都是可以达到这个标准的。如果有条件能直接招到这样的主播，那么很大程度上可以缩短主播上播前的培训工作。对每一个团队来说，这样的性格都是很宝贵的，也是被业内认为是具有天生主播气质的。遇到这样的主播来面试，作为团队一定要把努力把他留住，不管他现在有没有直播的能力。因为能力是可以培养的，但性格很多都是天生的。

二、声音

声音不用过于专业，但一定要有亲和力。主播不一定是播音腔，在直播的过程中说普通话也好，方言也好，完全取决于直播间的产品。很可能主播正在售卖的是四川当地的特产，那么适当地加一些四川地区的方言是可以吸引直播间用户的，同时也会让产品更有卖点。普通话更多的是在直播的时候给人一种亲近感，粉丝们听起来会更舒服一些。各有各的优点，一定要符合直播间的产品的属性。主播说话的时候一定要吐字清楚，让进入直播间的观众都能准确听清主播的话术，这是给观众建立信任感的基础，也可以减少与观众的距离感。

三、头脑

一个好的主播一定要有清醒的头脑，也要有一个爱学习的头脑。不断地吸收和输出，去转化总结关于直播、关于主播这个事情以及这个行业、这个工作的一些特点，再配合团队中的运营，配合我们的团队，大家一起成长。

第三节　新手主播的常见问题

现在主播也已经确定了，接下来就给大家分享一下刚进入这行的新手主播常见的一些问题，好让大家少走一些弯路。

一、违规违禁

这是一个绝对禁忌。新手主播在直播前一定要知道平台的规则，一定不能违反平台规则，平台明确不能做的事绝对不做，不能说的话绝对不说。这属于主播的业务能力和职业修养，是很重要的部分，也是红线区域。这部分内容，后面会有详细的介绍。

二、心态问题

很多主播面对镜头不敢说话，不管是紧张也好，说话没条理也好，自信心不足也好，对新手主播来说，都很正常，尤其是想到从老板转到主播角色的时候会更顾及面子而放不开。我们不是天生的演员，也不是天生的销售，肯定都会有这样的问题，这些都是可以通过后天训练去解决的。

只要注意解决这些问题，就可以很快进入话术和技巧的训练阶段。话术在后面会有专门的章节，包括点赞话术、互动话术、留人话术等。技巧就是指如何让直播间的人气提升、成单的技巧，还有综合的话术技巧。

三、综合能力不足

很多主播只会直播讲产品，其实优秀的主播还应该具备一些拍摄短视频、爆款短视频和运营的思维，包括如何看数据，如何跟着团队复盘等基础的运营思维，拥有以上这些能力的主播可以作为品牌店铺的全职主播。老板还可以给主播搭建个人IP，增加店铺影响力。

第四节　新手主播快速成长的三个素质

新手主播要想快速成长，我给大家三个分享三个方法和技巧：

一、10000小时定律

不停地说，不停地模仿，不停地创新，语速每分钟在二百到三百字。这个10000小时定律是适用于做任何事情的。对主播来说，坚持做两到三天这样的训练，即可达到这个要求，所以主播一定要坚持练习。

图片来源：汍峙直播（截取时间：2021年6月22日）

二、相信自信的力量

相信产品，相信自己，建立自信，语言就会更有力量。一定要坚信自己的产品就是优质的产品、性价比高的产品，然后才再推荐给粉丝和用户。

三、拥有专业的态度

哪怕直播间只有一个人，也要坚持把它播完，并且要当作实时在线人非常多一样去面对，一定不要人少时就消极对待。否则，不仅直播间的人会流失，新进直播间的观众也无法达到长时间的停留。这样的话，即便主播准备了再好的话术、再好的产品、再好的价格，也无法与观众建立良好的信任，直播间的转化率和成交额必然会受到很大影响。

当人少的时候，主播要做的就是通过方法把人变得更多，把转化率提高。不管人多人少，对主播来说都一样，这个逻辑一定是主播的状态决定人气，而不是人气的多少来决定主播的态度。

第五节　主播不同阶段的学习规划

上面学习了新手主播快速成长的几个方法，其实主播从一开始就要对自己的职业做出规划，清楚自己的状态，找到下一阶段的学习目标，不断提升自己。老板也要对不同阶段的主播提供不同的学习规划，用来提高主播的职业标准和必备能力。

作为专业的带货主播孵化机构，我把带货主播分为初、中、高三个等级和深度。不同阶段的主播，应该学习的内容和方向各有不同。分别为：

第一阶段——初级主播

初级主播，首先要知道什么是好的直播间，要有分辨能力。为什么看到很多明星、网红的粉丝很多，自己直播时却卖不出去什么东西？为什么很多主播粉丝量很少，却能日销十万百万？

其次要克服紧张情绪。可以让主播通过训练能够自然地面对镜头，在看到镜头后，可以以自然、放松的状态去表达。想象一下，现在你的面前有很多人，同时面对很多台摄像机，你能够不紧张地面对镜头说话吗？可能你的答案是可以，但绝大部分人心里的答案是不行。

假设你现在是主播，面对上述的场面，再加上直播间实时在线有几千、几万人的时候，你会不会很慌张？或者你的直播间没人观看时，你会保持平常心吗？抑或是你现在身体不太舒服，还能维持状态去直播吗？

初级主播除了要解决上面两个问题，还要参与整场直播的脚本策划，了解各个环节，比如说设备、场景，还有本场直播配有哪些岗位，最后才是精准地表达产品塑造、话术、玩法等内容。

以上内容充分吸收后，主播就入门了，已经可以上播练手了。建议主播达到中级主播的级别后再上播，这样的话就能达到抖音直播带货的要求。在货没有问题的情况下，单场百万是没有问题的。

第二阶段——中级主播

那么，中级主播主要需要学习哪些东西呢？

一、技巧和心态

比如说直播间实时在线 0 到 100 人的时候，主播需要做什么，心态是怎样的，100 人到 10000 人的时候主播需要做什么，心态是什么样的，这些都是在中级内容里要告诉主播的。

二、合理利用自信心

基本上到了中级主播的阶段，主播都会自信心爆棚，因为他已经通过了基础训练。另外，对产品逐步熟悉和对这个行业理解之后，他自然而然就会有更多的自信心。作为负责人，要告诉主播，我们选的品性价比更高，而且都是用真心选的好物，这样一来主播就会更自信，觉得自己推荐的东西到消费者手里就是更好，性价比就是更高。

三、高级的直播话术

一些直播间的经典话术和互动技巧都会在中级内容中告诉主播，让主播对直播的每一个环节和话术都有非常清晰的认知，甚至到后面可以自己去写直播脚本。

四、成交技巧

最终还是要从销售额上对每个直播间进行评级，对主播进行评级。

这时候主要是锻炼成交的技巧，包括步骤和策略，是临门一脚促进成交的话术技巧。在主播初、中级的时候就要完全教给他，从而帮他提升销售额。

第三阶段——高级主播

高级主播，我把单场过百万销售额作为评定标准。那么，高级主播需要具备哪些技能呢？

一、能在直播间塑造强有力的人设，打造记忆点。

二、具备直播带货的运营思维。

三、具备强悍的控场能力和丰富的话术。

有的直播间，基本上一周、两周在线几百人的时候，同一直播脚本可以一直用。当直播间实时在线人数上升到10000人的时候，就要调整脚本了。脚本不是一成不变的，后面会给大家一些万能的脚本模板，供参考学习。但最重要的是自己学会去写，把核心框架的东西记住之后，往里填一些自己对这个事情的理解。

四、具备高效的配合默契。

直播间除了主播之外，还会有运营、投手、中控、场控等岗位。一个好的主播一定是可以控住全场的，也就是在后场可以完美地协调好直播间的其他角色。

比如，现在你是主播，在直播间里你的一个动作指示，运营就知道要上链接；你的一个动作指示，直播间里的其他人就知道要进入逼单环节；你的一个动作指示，大家就知道要调整某些东西，来一些互动；实时在线的人比较多的时候，你的一个动作指示，助手就知道把利润款拿上来。诸如此类非常细的技巧也好，实操也好，就是具备高效的默契配合的体现。这样的细节在后面会给大家分享。

一个百万主播一定要具备在直播间的各种技能，想成为打造个人IP单场百万的主播，不光要具备运营思维，还要具备一些基础的技巧。当然这并不是适用于每一个人，也不是每一个人都需要达到这种水平，但是我们一定要学习得更多、懂得更多。如果有机会的话，我们也可以成为百万主播。

百万主播计划是针对很多个人主播做提升用的，想做自己的人设，打造个人IP下的千万直播间，那么这一段内容是非常有用的。当然企业主、供应链的老板也可以学习，这对提升自己的直播间也是非常有用的。因为我们自己也培养了很多素人主播，最后做到单场百万、月销千万的案例，所以这里分享给大家。

第六节　主播成长规划四部曲

作为团队，需要时刻关注主播目前所在的阶段，才能根据主播的实际情况进行深度的培养锻炼以及职能的合理分配，让团队处于最优状态。

这里给大家四个建议：

一、在面试主播的时候要确定是否有前面提到的三点必备条件，即有激情有自信、配合度高。

二、初级主播培养，应规避低级错误。这也是上一节中提到的初级主播要完全掌握的所有内容。

三、中级主播应具备基础能力和技巧，可以试播和上岗。

四、高级主播培养。高级直播间的主播是否有稳定的销售额，上播表现是否优异。如果达标的话，可以往店播的核心主播发展。

那么当主播正式上岗之后，需要有一个主播成长规划，即主播成长四部曲。一般建议给已经完成了初、中级培训的主播做路径规划，以提升效率。

第一步：熟悉选品，熟读脚本，状态良好，注册账号，模拟直播。这时候，这名主播就已经可以上播了，团队应该进入给主播打造单场百万直播间的阶段。

第二步：进行 7 天的小流量测试。无论是给这个主播起新号还是新的直播间，都要有一个 7 天的小流量测试。我们需要看主播和产品之间的熟练度，包括流量的承接能力，从而对前端做出优化。

第三步：15 天的大流量测试，这里边更多的是付费流量，比如千川，这时候可以给予主播更多的流量，让他去做承接，重点关注转化率、成交密度、停留时长。

当然直播间从 0 到 20 人、20 到 100 人、100 到 500 人、500 到 2000 人，

2000 到 10000 人，对主播的要求，包括话术技巧都是不一样的。看完本书的所有内容，相信你对这类问题的认知会有一个新的提升。

第四步：度过以上三个阶段后，主播就要准备 30 天达到一个稳定的输出，包括稳定的状态、稳定的节奏、稳定的产出。

了解主播所处的阶段、规划好主播的成长路径，不论对主播个人还是团队来讲，都是非常重要的，有利于我们的长远发展。

第七节　快速进阶百万主播的四项核心能力

我们结合自己所有的案例和主播培养的经验，将其总结归纳为四项核心能力。只要具备这四项能力，就能帮助主播快速成长为百万主播。

一、看

对所有新手主播来说，最重要的一点是看。知道谁是好主播，观察优秀的直播间，在自己开播之前，要知道哪些直播间是好的，哪些主播是优秀的，哪些行为可以更好地卖货。很多新手一上来就看罗永浩、李佳琦等，其实看他们直播对新手主播的帮助很少，前期最应该、最要看的是和自己对标的和比较接近自身现阶段的直播间，去看、去学、去做拆分，这样才能知道什么东西是好的，从而引导自己去做对应的和对的事情。

二、学

学，不仅仅是学习话术，更重要的是学习整个直播带货的底层逻辑和架构，这是一个体系化的东西。如果是个人主播的话，建议要去向一些成功的、有成果的团队学习。成功的团队，归根结底就是销量稳定的团队。对团队来讲，必须要有自己成熟可复制的体系，所以一定要对整个的底层逻辑有一定的了解和认知。

大家如果有机会，可以去有成果的直播间学习，了解整体的运营框架。如果没有这样的机会，在本书中也有完整的、成熟的体系提供给你。个人主播具备了这样的能力之后，不管是去新的团队，还是将现有团队做大做强，都可以得到更多的利益。

图片来源：汝峙直播（截取时间：2021年5月21日）

三、调

调，就是通过一次次的练习不断地调整，这一点至关重要。通过前面两个步骤我们看到了好的、对的东西，也学习了系统化的技能和知识，接下来就要扎扎实实地练习，包括心态的练习、话术的练习、技巧的练习，然后去一次次地复盘调整，这样才能更快速地成长。因为只是掌握了理论知识，不去实践练习的话，最终依然达不成我们的目的，没有结果，一切努力都是白费。所以这里强调一下，一定要知行合一。

四、懂

再继续往上走的话，那懂就很关键了。可以这么说，如果具备了前三点，做一个好主播、作为一个品牌方的主播、作为一个供应链的老板或者说个人的直播团队是完全可以胜任的。要具备运营思维、老板思维，能与场控、运营、投手完美地配合，甚至知道环境布置、光线效果，这就是懂的深层含义了。

把这四项核心能力学到手，无论是个人主播、供应链老板，还是品牌方的负责人，相信对直播带货，甚至对直播间的人、货、场都会有很深的理解，已经可以自己搭建团队，达到抖音直播带货 A 级直播间的要求了。

接下来，我们准备正式进入主播的培训阶段。

第三章
新手主播 快速突破 0~1

第一节 熟悉平台 建立良好关系

是的,从现在开始你可以实际操作了。之前讲到的都是整体偏框架的东西,只有了解了整体架构,后面才可以避免走弯路。虽然探索是一件好事,但现在的时间成本太高,信息变化太快,我们追求的只有效率。接下来的内容,能最升效率地提升你对抖音的认知!

一、账号包装 增强信任感

在账号包装之前,大家一定要记住,开通抖音账号时千万不要用注册卡进行注册(注册卡只能收发信息,不能打电话)。因为注册卡很不稳定,而且平台为了打击营销号,对注册卡注册的账号管控非常严,基本上都会被限制。最明显的不便之处就是发不出去视频、发不出去作品,或者视频发出去的时间都不适合公开,即使能发出也很容易被封号。

直播间的界面有头像、名称等内容，那么这些设置中的哪些方面能对我们获取精准流量有帮助呢？给大家以下几个作为参考：

第一部分：头像

抖音平台对头像没有太多的限制，可以使用美颜后的本人照片，建议带货的主播选择与自己带货品类相关的货物作为头像，这样可以更好地让粉丝和进入直播间的小伙伴明确直播间是卖什么的。

第二部分：标题

为了吸引粉丝流量，可以直接设置成与直播间活动挂钩的名称，比如9.9元秒裤子；还可以设置成一种类似于吹捧口吻的标题，让正在刷直播间的人群可以马上被吸引过来。

第三部分：位置

位置设置可以选择显示位置，也可以隐藏位置，选择显示位置后会吸引一些同城粉丝进入直播间。新号开播时如果同城流量占比50%以上，会影响到整体的流量结构，我们可以选择先关掉位置，不显示同城。

第四部分：话题

选择话题只需要和直播间的内容相挂钩就可以，比如聊天、听歌等。直播间的话题选择和短视频发布的话题选择相类似，并且支持自主填写话题。

第五部分：镜头

镜头设置成前置、后置都可以，只要根据自己的直播需求来设置就好了。一般高客单的产品都会选择用后置摄像头或者相机，用来突出展示产品细节，同时，用后置摄像头的话，需要多一台手机看直播间的实时状况。如果设备单一，那么就用前置摄像头，这样可以看到直播间实时的互动和评论，方便与用户沟通。

第六部分：美化

瘦脸、大眼、磨皮、滤镜等一系列美颜方式都在这个部分，有需要的主播可以在这里找到。

第七部分：道具

道具用得比较多的是娱乐类型的主播，在他们打 PK 的时候可能会用到。但是直播带货时，不建议主播使用道具。

第八部分：商品橱窗

这一部分里会准备好各类目的商品，主播团队只要直接添加上，开始售卖就可以了。这里需要着重说一下橱窗管理，橱窗管理是每个直播间在卖货的时候都会用到的，我们无法确定每一个直播间想卖的产品在类目商品里都能找到，这个时候就需要我们上自己商品的链接，橱窗管理就是上产品链接的时候使用的，在产品链接添加上以后，直播间的商品橱窗就可以显示出所添加的商品了。

第九部分：随心推

随心推是一种付费购买流量的方式，可以帮助直播间上热门从而达到引流的作用。后面的章节中会详细地介绍随心推的使用方法。

第十部分：设置

如果我们想预告直播时间，可以通过设置来完成。设置预告直播时间后，评论区里会出现直播时间的公告。

直播间想吸引更多的流量，想让直播间的数据更好看，上述这些内容一定要在开播前提前设置好。直播方式有视频直播、语音直播和电脑直播，电脑直播的用户需要从 PC 端下载直播伴侣并登录抖音，就可以正常使用了。

二、开通蓝 V，获得更多官方支持

为什么要开通蓝 V 账户？因为企业认证蓝 V 账户不仅能让用户得到更大的信任，而且有些活动只有蓝 V 商家才能参加，并得到流量扶持，店播号还能避免直播用户与账号实名认证用户不相符合的违规提醒。

新入驻的抖音账号因为没有粉丝，可以通过绑定小店自播账号开通蓝V，从而实现 0 粉开橱窗带货。具体步骤可以直接对接抖音官方人员，或者进入抖音能量站进行查询。

三、高效填写抖音号资料及注意事项

如何高效地填写抖音号的资料呢？要做到以下三点：

第一，抖音账号一定要做到实名认证，保证一卡一号。

现阶段抖音的审核都非常严格，前文也提到过。一个身份证只能绑定一个抖音账号。如果现有抖音账号的数据不太理想，而且也不确定以后是不是会长期使用，这个时候就要审时度势，制定这个号是否要继续使用，是不是以后就专注做这个号了。如果打算长期做，直接用身份证绑定这个抖音号就可以了。在这里要说明一点，如果抖音账号绑定了身份证，即便以后不用这个抖音账号了，身份证也无法再绑定其他的抖音账号，所以在决定抖音账号是否绑定身份证的时候一定要慎重。（虽然市面上有些非常规操作可以做到一证多实名，但是会产生连带的风险，建议大家一证一实名，合理合规操作。）

实名认证的步骤：打开抖音→右下角"我"→右上角三道杠→设置→账号与安全→实名认证→填写真实姓名和身份证号→同意协议并认证。

现在的抖音，几乎是人手一个实名认证账号。个人账号的用户如果想做直播带货或者其他类目的主播，实名认证时建议谁去上这个号的直播间直播，就由谁来进行实名认证，如果是企业账号就不会有这些限制了。抖音现阶段针对这方面的审查是比较严格的，如果个人账号的身份证认证信息和直播间主播性别不符的话，直播间有可能会被禁播，也很有可能会被直接封号。

第二，要与直播相关。

抖音平台的直播间需求中明确注明：个人认证号的主播性别需与认证人一致。这是什么意思呢？比如说你作为主播，打算去卖酒，你这个抖音账号绑定的身份证信息里性别是男，那你的直播间里出现的一定也要是男主播。所以再次强调，个人号的抖音用户，如果打算以后自己直播带货，那就一定要用自己的身份证认证信息，才能自己上播。这种情况被称为一卡一证一号。如果要想以后让更多的主播进入直播间，最好前期办理营业执照，后期再升级成蓝V用户。上述这些，建议在开通直播间之前决定好。

第三，商品橱窗。

前面的两个步骤都是为了第三步做准备。当实名认证完成之后，想要开通直播带货需要先申请开通商品橱窗。商品橱窗的开通有三个要求：（1）实名认证；（2）缴纳商品保证金；（3）抖音平台要求必须有 10 个公开并且审核通过的短视频，另外粉丝数过 1000 人。开通抖店的情况下可以绑定 5 个自播账户，不用必备超过 1000 人的粉丝这一条件。

以上就是需要填写的抖音号资料及注意事项。

四、检查视频违规，避开红线

新手期的账号该如何避免一些不成熟的操作导致账号被限流？需要注意哪些事项呢？

第一，不要敏感操作。

什么是敏感操作？比如频繁地复制粘贴、频繁地私信、频繁地修改资料，出现敏感词、违禁词，资料填写不完整或者是同一个 IP 在同一时段内注册多个账号。这些敏感的操作一定要避免。

第二，视频内容要合规。

一定要记住，内容方面不要去涉及一些敏感话题，比如宗教类、未成年儿童类、危险驾驶拍摄等。

第三，避免内容太差。

不要去录屏搬运或者用非自制的视频上传发布，也不要用像素低于 760×1280 的视频。这些都会被平台定义为低质量短视频，低质量短视频是不能获取正常流量的。

第四，不要外部引流。

在抖音平台上，一定不要去做往线下引导和发展粉丝这样的事情。比如往淘宝某个店铺引导购买量，再比如往微信引导入群。总之不要触碰抖音平台的红线。

总结以上几点：既然在这个平台里挣钱，就必须遵守它的规章制度，要学会去规避问题。不要纠结为什么同样的问题，有的人行有的人不行，一定要遵守平台给出的规则。如果你在直播间当主播，说了一些敏感词或者广告里不让说的内容文字你在直播间说，那肯定是不行的。

五、被封号的紧急应对办法

如果被封号，该如何处理？

其实封号并不可怕，每个直播间都有可能被封号，封号只是暂时的，面对封号，最重要的一点就是保持一个平常的心态。为什么呢？以我个人的情况举例，我就被封了很多号，但是粉丝会认得和记住你的IP。在这里就要提到为什么很多剪辑号粉丝很多，但是不变现，归根结底就是因为它们没有人设、没有IP、没有内容。当我们有了人设、有了IP，还有内容，无论是做直播带货还是短视频，就都可以立住，因为粉丝认的是我们这个人。

如果一个老号因为一些重大违规行为被封禁了，那我们应该快速起一个新号。在这里就要讲到第二点，我们给它起了一个很文艺的名字叫断舍离。怎么理解"断舍离"三个字？与其去花时间分析我们的账号怎么才能捞回来，不如花精力研究如何快速地建立新号，这也是一种体系和矩阵。如果我们的直播间出现了重大违规，一定要放弃老号，把精力放在打造新号上。

那么有人会疑惑，之前的老号已经绑定过自己的身份证了，应该如何再实名认证一个新的账号呢？这里有两种解决方法：

第一种：登录原账号，在个人中心解除原账号身份证认证与绑定；

第二种：登录原账号注销，使手机号与身份证恢复到未注册状态。不过这种方式建议慎重操作，因为一旦注销是不可逆的，抖音平台会删除原账号内所有的信息与绑定。

最后有一个注意事项，一定要养成一个良好的习惯，就是在老号正常运作、销量情况也稳定的情况下，也要快速地利用老号的模式复制一些新号。无论是怕老号出现问题做备份，还是打造自己的流量矩阵，都需要提前做好储备。

第二节　心态建立 让自己更有底气

一、直播间的准备工作

直播前，首先需要团队配合做好前期的准备工作，以避免发生意外。

（一）设备的准备

一定要在直播前把所有的设备调试好，进行测试。千万不要等到马上要开播了再开始调试设备，这样很有可能会出现很多意想不到的问题。用手机直播的情况下，要确保手机电量充足，Wi-Fi 稳定，建议购买独立的小网卡。要确保该宽带线路中，没有过多其他设备接入，也不会受其他推拉流软件的干扰，比方说一根宽带三个小网卡三组直播，那就有可能出现问题。如果不能避免，那么必须进行压力测试。

这里有一个小案例，我们之前做卫视直播的时候，在开播后前 30 分钟，整个设备都失效了，没有任何声音输出，在半个小时后又出现了杂音，整个直播的头一个小时浪费了非常多的钱。类似这样的事情一定要避免，无论是大场直播还是小场直播。

（二）场地的准备

这也是人、货、场、流里面的场，无论直播间是在线下旗舰店还是在工厂，都一定要精心设计直播所用的场地。

（三）产品的准备

主要在直播间要输出有价值的内容，产品要有颜值和功能。选品的人员一定要做好货的选品和排品。

（四）内容的准备

内容就是指直播的脚本、互动环节的设计、节目设计，像有的明星主播卖货期间会在直播中唱歌、签名。直播间里也可以增加一些互动游戏或者抽奖环节，从而起到吸引流量和粉丝的作用。

（五）职责的准备

直播间的分工一定要明确，引流、文案设计、选品竞争力、物流客服及助播，每一个人、每一个环节都要配合好，最好在直播前进行彩排。除了主播要每天练习之外，其他直播间岗位的人员一定要熟悉自己的工作内容，保证在直播的过程中不会出现任何问题。即使出现一些意想不到的状况，也可以快速地去处理、解决。

提前做好以上准备工作，就能将意外发生的可能性降到最低，损失降到最小，让直播顺利进行。

二、主播在直播前后需要做哪些事

很多新手主播和新手团队在刚开始直播的时候，面临的一个最大问题就是主播心态调整不到位。那么主播，尤其是新手主播必须具备哪种素质呢？

首先要将主播的精力做出正确的划分。主播应将精力的 70% 放在直播前的准备上，剩下的 30% 才在直播上。需要注意的是，这里说的是主播的精力，而不是主播的状态，主播的状态在直播的时候一定要 100% 的投入。

需要强调的是，主播一定要拿出更多时间在直播前进行充分的准备，无论是脚本话术、产品策略还是主播的承接能力，一定要在直播上岗前做好充分训练。看过这本书后，想做主播的小伙伴们一定要根据书中的内容好好学习、认真训练，这样很快就能达到上播的要求。

这些准备好之后，在直播前主播还要准备哪些内容呢？

第一，熟悉产品。

作为主播，一定要对自己马上要卖的产品非常熟悉、非常了解。后面的章节中会讲如何把产品价值塑造进行拆分。在这之前，主播一定要做到对手中产品的成分，能解决用户的痛点到底是什么等问题熟记于心。

第二，向优秀同行学习。

也称为对标竞争对手。主播需要在对标行业里寻找有哪些非常优秀的直播间值得学习。后面的章节中会讲如何找到对标直播间、如何从对标直播间找到值得自己学习的地方并且如何去执行。

第三，话术整理。

后面的章节会详细地讲解直播间的话术如何写、如何利用万能脚本、如何把各个环节的话术做到位，诸如此类的问题。

第四，练习复盘。

直播间有直播间的复盘，主播对自己的练习也要有复盘，不要认为复盘是浪费时间。我们之前代投的一名主播曾经在自己的短视频中提到过：每次做完重大事情和晚上睡觉前，都会对自己一天的工作做一个复盘，这使她获得了巨大的成功，一年的时间粉丝量突破 250 万。

只有日复一日的练习、无数次的复盘再结合直播技巧，才能使新手主播快速成长起来。主播一定要做有用的练习，把对标直播间的视频截取出来，撷取其中优秀的话术。主播拿着耳机和手机，每次练习的时候都要进行视频和音频的同时录制，再结合书中提到的直播小技巧反复练习。每次录制的练习视频都要留底保存，做一个前后对比，找出每次的区别和问题，取长补短。我们的操作方式是，每一场直播之后都要对自己的主播进行录屏切片观看，总结出哪些地方还可以提高，然后不断地去优化。

三、破除上镜紧张的五个技巧

在上一章，我们知道了主播在直播前和直播后需要做的事。当正式直播的时候还会有新的问题出现，比如主播训练的时候并不紧张，一旦面对摄像机，正式进入直播间准备开播，自己的情绪就紧张起来。面对这种情况应该如何调节呢？给大家五个参考建议：

（一）充分的准备

直播前，主播形象与妆容、脚本话术与互动设计都需要提前准备好。另外，在开播前还要对直播的整体流程进行梳理，主播还需要对自己的直播设备进行检查。

（二）大量的训练

主播无论是在直播间还是在来直播间的路上，一定要勇敢地背自己的脚本，面对不认识的人、面对人非常多的时候都要勇敢地说出自己的脚本。这样在直播的时候面对镜头，不管直播间有多少人，主播都能勇敢大胆地发挥自己的技能。

我们有一个主播,在他新手期的时候,我们要求他在每天来基地的路上,在地铁里大声地背诵自己的直播脚本(虽然站在公共道德层面我们并不提倡这么做)。最终的成果是他从单场几十块钱播到单场百万元,而这样的业绩他只用了短短的一个月时间。所以一定要记住,技能一定是训练出来的。

(三)保持平常心

很多新手主播在刚进新的直播间的时候,是没有粉丝人群的,这时候怎么办?很多主播觉得既然没人,那我就随便播一播,等来人了我再努力,这是不对的。0到20人、20到100人、100到1000人、1000到10000人,都有不同的播法和技巧。对于主播来讲,无论是1个人还是10000人实时在线,都应该保持激情的状态,灵活地使用自己的直播脚本和直播技巧,这样才能保证我们的直播间无论是在人多还是在人少的时候,都能有一个良性节奏,这是主播必须具备的一种心态——平常心。这样,主播的激情、状态和技巧才能毫无保留,百分百地发挥出最好的效果。

(四)一定要敢播

新手主播最重要的素质是什么,一定是要敢播,敢于面对镜头,敢于滔滔不绝地讲自己的产品。敢播比会播还重要,尤其是对于新手主播,因为很多新手主播连说话都不敢,面对镜头就紧张。如果有这种情况的话,技巧的锻炼都是放在后面的。首先要解决的一定是面对镜头敢把话说出来,盯着镜头敢去发挥。

只要有敢播的心态,就会有克服一切困难的勇气。只要想把直播间的销量提上去,就一定要把直播间的产品熟记于心,掌握直播的技巧。只有这样,月销千万的直播间才可能尽快达成。

千言万语汇成一句话：所有的新手主播一定要按照培训的标准，利用自己琐碎的时间把胆量和自信练出来，然后充满激情地在直播间发挥提前准备好的脚本话术、产品价值、产品塑造、互动和留人技巧等。

（五）学会使用道具

这其实是一个小技巧。可以在主播看得见的地方，比如机位的左右两边、灯的架子上，把直播间内不能说的违禁词和必须要说的关键词同时贴到前面，时时刻刻提醒主播，哪些是必须要说的，哪些是一定要避免的、千万不能说的。这样给主播进行一个小小的提示，对新手主播来讲，效果非常明显。

四、直播中的心态调整

经过前面两章的学习，主播可以正式进入直播间上岗了。直播间的突发状况往往会使新手主播紧张、语无伦次、心态不稳定，出现各种状况，那么直播期间该如何建立良好的心态，快速突破新手期呢？这里给大家提供两个方法：

（一）保持平常心

这在上一篇也提到过，主播在心态上一定要心无杂念，对产品要做到足够熟悉和有足够的信心。

主播一定不要只想着赚钱，想赚钱是没错的，但是如果在直播前后一直想着我来做主播就是为了挣钱，那么绝大多数主播在直播时发现场观不好或者成交额不好，心理上就会产生落差，这样的落差会导致主播一段时间内无法让自己很好地面对镜头，从而影响自己的心态。

当然也有例外，有些主播自身的调节能力本身就很强，可能看到上述的情况，会让自己更加努力地去训练。我们所希望的是，一个好主播拥有的初心是对这个行业的向往、对这个行业前景的看重，以及对这件事情能否对社会做出贡献。

不管是主播行业，还是其他行业，在用人的时候首先都会看这他的初心。如果太过功利，这名员工可能在什么行业都不会待得太久，因为他没有自己想要去坚持的动力。从人事角度来说，这样的员工一般都不会通过试用期。

那么，怎么理解对产品有足够的熟悉和足够的信心呢？我们在第二章里已做详细讲解。

（二）对比练习

让新手主播去对标的直播间录制一个几分钟的视频，买一个蓝牙入耳式耳机，让主播边听边说、边听边练最后再让主播去录制自己的视频，反复对比、反复练习。

掌握上面两个方法，新手主播就可以快速突破新手期，达到抖音中级主播的要求。

图片来源：汝峙直播（截取时间：2021 年 6 月 22 日）

  千锤百炼始成钢，百折不挠终成才。不论做什么行业，都离不开熟练。当学会对标直播间的脚本话术之后，我们要做的就是无休止的训练。哪一个行业的标杆都不是一日成师的，都是经历过无数次的培养训练和数不胜数的挫折磨炼才站到了今天的位置上。作为新手主播，虽然我们不建议观看头部主播的直播间，但是我们一定要知道他们成长路上的故事。每一个人的成功都不是信手拈来的，如何能使自己和他们一样，是每一位新手主播都要考虑的事情。

  永远要记住：信心靠什么来的？除了自信，还有后天的努力。以上就是快速调整主播信心的方法，希望各位主播谨记在心。

五、主播在直播中的状态呈现

(一) 妆容

作为主播,最重要的就是形象,形象合格才更有吸引力,就像歌词中唱的那样:"只是因为在人群中,多看了你一眼。"

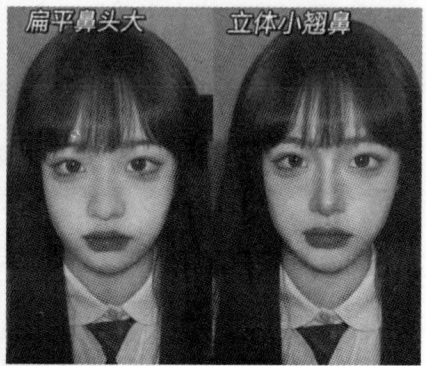

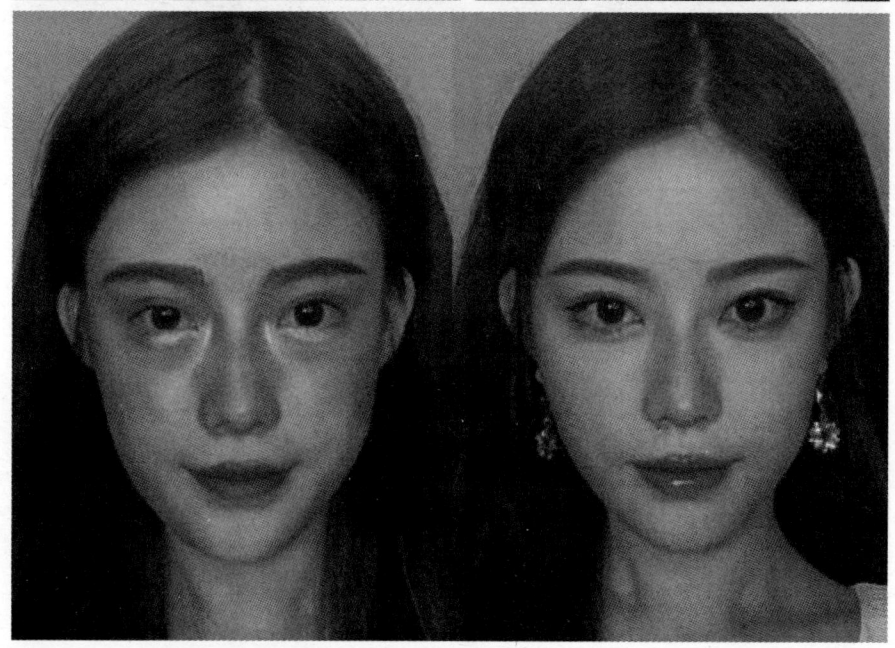

图片来源:百度搜索(截取时间:2021 年 6 月 22 日)

先来看上图中妆容的对比,可以很明显地看出,同一个主播的不同妆容差别还是很大的。如何让自己更好看？如何让自己的脸显瘦、眼睛又大？如何让整体的妆容很精致？

1. 千万不要素颜出境

主播素颜上镜会特别没有气色，如果今天直播间的产品是彩妆类的话，以这样一个状态去开播，客户停留的时间不会很久，因为粉丝会觉得直播间的产品没有那么吸引人，就连主播自己都没有用。

2. 巧用高光和修容

大部分亚洲人的脸型都是比较平面的，即使五官很立体，也还是需要通过高光、修容来修饰。经过整体塑造以后再出来上镜，脸型会显得更漂亮。

3. 妆容不宜过重

直播间妆容太重会使主播显得很俗气，而精致淡雅的妆容会让主播在直播间显得更有亲和力。其实主播在化妆的时候最应该注重的部分就是眼妆，睫毛和眼线化好后会让整个眼睛大而有神。

直播间的妆容到底应该怎么化，才能让主播更好看，上镜之后更能得到客户的喜欢呢？这就和主播的定位有关了。按主播的定位，主播大致分为带货类主播和娱乐类主播两大类。本章节着重讲解带货主播的妆容。

比如美妆类主播，妆容就要更精致、更漂亮；家居类主播或者其他类产品的主播，可以根据产品适当地把妆容进行一些改变，比如让妆容更时尚等。因为产品类别的不同属性，妆容一定要不一样地去体现。

不管什么时间段的妆容，都会更注重眼妆部分，因为眼睛是心灵的窗户。主播在妆容上要着重对眼妆的刻画，比如眼影颜色的选择、美瞳的选择、眼线款式的选择都是很重要的。

（二）声音

在直播的时候，如何使主播的声音更有感染力呢？这里主要教主播如何学会用气，如何做到长时间直播，嗓子也不会很累，怎样发声更有感染力。

声音需要通过电子设备传输，因此直播间对发音的清晰度要求比较高，所以吐字力度要适度加大，表现力度一般也要适度增加，而稳定的气息可以让吐字更清晰、更完整、更响亮，大音量的声音主要依靠气息力度支撑。

很多新手主播在上播的第一天精神饱满、气力充沛，第二天再见到他的时候，他却连话也说不出来了。如果长时间使用嗓子进行吐字，会导致咽喉疲劳，从而影响状态，所以使用气息可以大大减少嗓子的疲劳感，增强直播效果。

首先，我们要学会正确的呼吸方式：

（1）小腹略微收缩，保持稳定，形成准备状态。

（2）口鼻同时进气。

（3）胸廓张开，肋下两侧扩张。

（4）小腹收缩，其他吸气肌肉群不放松。

用气是为了支持声音，是为了表达。如果对呼吸思虑过多、负担过重，反而会使呼吸运动失去平衡，造成被动。所以，在直播屏幕前应该将注意力集中于所要表达的内容上。思想感情积极运动，气息随之运行得轻松自如，才能长时间地保持良好的直播状态。

作为主播，在做好熟练掌握产品、话术脚本之外，需要在用气上做相应的练习。练习的内容和方法可以包括：

（1）增强呼吸肌的力量练习。像仰卧起坐、俯卧撑等运动可以帮助锻炼呼吸肌。

(2) 换气练习。用不同的产品脚本、直播环境练习换气、偷气、抢气。

除此之外，主播也要做发声和口条练习，比如每天清晨开开嗓，一有空闲时间就说说绕口令，这对主播在直播时也是有帮助的。

(三) 形体

主播的肢体在直播过程中应该呈现什么样的状态，主要分为两部分，一个是站姿，一个是坐姿。先讲站姿，其实对直播来说，并没有特别的要求，主要有几点需要注意。

正确的站姿应该是身体的各个部位是放松的，而不是僵直的。但放松并不意味着松懈，而是积极的放松状态。什么是积极的放松状态呢？

头部——自然摆正，眼睛直视镜头，不要乱瞟。

肩部——自然放松下垂。如果肩膀用力，会导致耸肩。

胸部——放松舒展。

腰部——挺直。

腹部——有绷紧的感觉。

坐姿和站姿的基本要领大体相同，但也略有区别：

手臂——自然平放在桌上。切忌用手臂的力量来支撑身体，支撑身体的应该是腰背部。否则会造成耸肩，使头颈后缩，给人一种拘束感，而且这样会使肩部紧张又使气息上提，不顺畅，有碍于发声。

臀部——坐在椅子的前 1/3 处。切忌坐满臀，这样容易使背部挺不直，腰立不起来。另外在背直重心稳的前提下，身体可以略微前倾，给人一种积极交流的感觉。

还有就是直播中关于肢体的一些禁忌。

(1) 摇头晃脑、左顾右盼、歪着头、扭着头。

(2) 总是整理头发。

(3) 无规律耸肩、抖动。

(4) 用一根手指指向粉丝，手掌居高临下对着屏幕挥舞。

(5) 双手抱胸，手放在桌下。

以上这些都是为了使大家在正式进入直播时能够有更好的呈现，是属于基础的东西，一定不要忽视这些内容。

第三节 找对方法 让训练更高效

在前面两节中，我们了解了主播在直播前后要做的工作，然后在直播中怎样保持良好稳定的心态，以及直播中需要呈现出什么样的状态。接下来就要看我们怎么学习，用什么样的方法学习更高效，最终建立自己完整的学习体系。

一、越过认知误区，少走弯路

首先要纠正大家的一个认知误区，很多人都觉得只要粉丝量大，就意味着受众广，粉丝看到自己内容的概率就更大，其实不是这样的。这里给大家揭秘一下，为什么有些账号粉丝量不大，带货量却超强。因为抖音是公域流量，一个账号有优质的内容、优质的直播间才会获得更大的流量，并不是粉丝量大就会有很高的直播带货量和广告费用。

其次，抖音行情瞬息万变。在前几年，很多商家靠着几百万、上千万的粉丝号，接到了大量的几十万费用的广告订单；从2020年开始，抖音平台已经转变成看效果、看品效合一的情况。众多商家、厂家开始转型，注重团队的综合能力。很多达人这类粉丝量大的账号进入直播带货的领域，依然是个小白、新手，因为和直播内容不垂直的短视频流量并不会在直播带货环节带给他们更大的收益。我们会看到，0 粉丝或新号的直播间销售额反而会达到几十万乃至上百万，这是因为这个新号直播间的人、货、场、流达到了 S 级的水平。

再次，粉丝多不代表招商能力就强。粉丝量大但是招商能力不强，账号的收益变现能力也会相对较弱，所以每个短视频达人都需要比较强的招商能力。直播带货需要很强的供应链、很强的主播、很强的投流组成一个很强的团队，从而顺利地搭建出直播间的优质账号。

最后是关于变现的准备。变现主要看重时机，要做到边产生内容、边增长粉丝、边去变现。千万不要有以下这种思想：我想等粉丝量达到多少之后，再去做变现的行为。拥有这种思想的人会错失之前积累的粉丝，永远记住，做抖音一定要第一时间去变现。

直播时长	观看人次	人数峰值	上架商品数	点赞	销售额
7时40分	6086	1.1w	26	1.3w	73.7w
43分53秒	19	130	19	37	482
42分33秒	18	147	11	56	675
44分48秒	15	63	12	1	29

图片来源：抖查查（截取时间：2021 年 5 月 21 日）

通过上图可以看到，这是一个新号直播间，这个主播第一场人数峰值只有 63 人，销售额 29 元；到了第四场的时候，人数峰值在线突破了 1.3 万人，销售额达到 73.7 万。现在这名主播的销售额每场都在百万以上，这证明了什么呢？这证明，粉丝的数量与直播间的销售额之间暂时是没有关系的，完全可以靠货品、靠主播、靠投流的技术把货卖出去，把销售额做上去，达到月销千万的程度。

答案就是，直播间的粉丝量和直播带货的能力并没有直接的关系，这也是为什么前面的文章中曾多次强调人、货、场的重要性。

二、找到正确的对标直播间

这个问题之前提到过，其实看对标直播间是一个非常重要的工作。很多人对此产生疑问：为什么看很重要？看对标直播间比看头部直播间重要？看完下面的章节，你就会有一个很深刻的理解。

首先，作为新手主播也好，还是有经验主播也好，千万不要去找头号直播间。简单地说，就是不要上来就去看罗永浩、拉菲哥、李佳琦的直播间，虽然这当中有一些不是我们平台的，但是也不要去看别的平台的直播间，更不要去学习。为什么？因为头部的账号对你来说没有什么参考价值，你去看头部账号直播间其实就看一个热闹。一定要看场观人数在 10 万以内、稳定月销在100 万、在线人数在 100～200 之间的账号。这些才是我们在新手启动期值得参考的账号，这样的账号才对新手主播的成长和对标非常有价值。

其次，学会利用第三方数据平台。像抖查查、直播带货排行榜，这些都算作第三方的数据平台。作为主播和运营团队，要学会使用这些平台去监测蓝V和对标账号。怎么去筛选这些账号呢？首先粉丝量不高但成单率很高的账号，要优先去看，尤其是销量高的要重点去看，一定要知道怎么利用好第三方的工具去提高自己，去学习对标账号的效率。这类平台该如何应用呢？下面以抖查查平台为例。

图片来源：抖查查（截取时间：2021年5月21日）

上图是进入抖查查界面后显示的大盘流量。在这里，每个直播间都分别对应着不同的层级，也就是流量层级——从S级到E级。从图中可以看到，大盘整个场观流量都在S级这块聚集，虽然S级只有5个直播间，但是从40000个直播间中分到了3%的流量；反观E级，从40000个直播间中才分到了2%的流量。所以一定要让自己的直播间进入更高的流量层级。

如何通过抖查查数据平台找到自己的对标直播间呢？首先在左侧电商类别里选择"热门商品榜"。这里面还有很多其他的榜，都可以点进去看看，对自己的直播间都是有帮助的，选择搜索，找到自己直播间的商品。

图10和图11中以西服正装类为例，通过这样的数据后台就可以找到目前在这款产品上做得比较好的五个达人。达人点进去之后，可以看到他的真实数据。

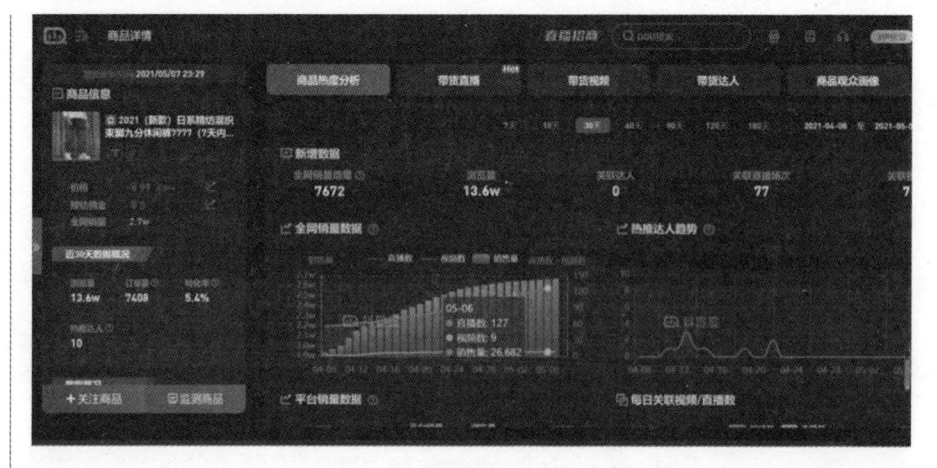

图 10

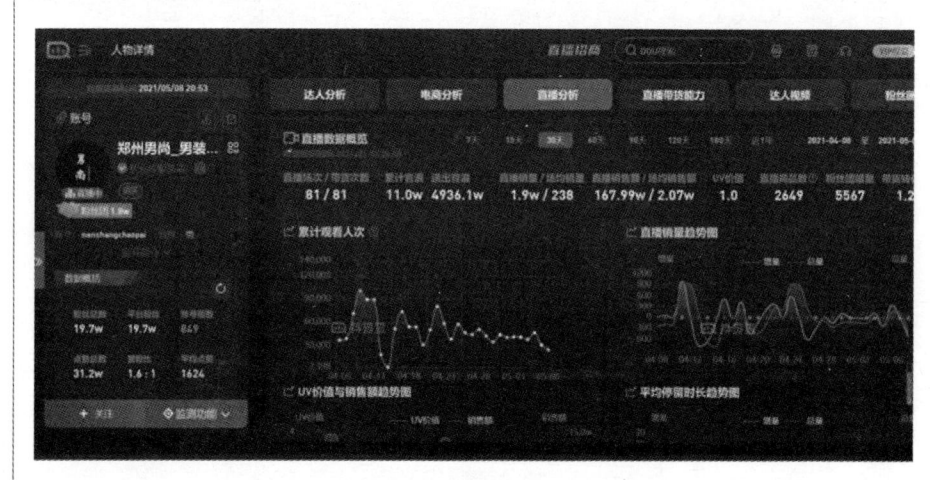

图 11

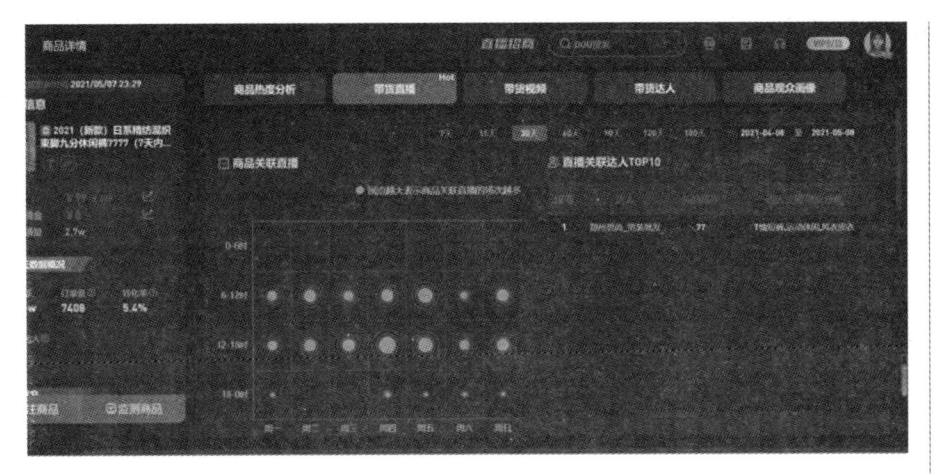

图片来源：抖查查（截取时间：2021 年 5 月 21 日）

  在该界面，能看到这个账号近 30 天的销售额是多少、场均是多少，数据号的直播间都是非常值得新手直播间去进行对比的。界面下滑，还可以看到一些直播分析等真实数据。

  通过数据后台，我们可以看到每个直播间的场观、平均停留时长、销售数据、销量订单数等等。开播时长也是从 1 小时到 10 小时不等，具体的直播时间肯定要根据自己的直播策略来制定。

  要学会合理利用第三方数据平台，找到跟自己直播间场观人数、开播场次类似的，同时把销售数据较好的直播间作为对标直播间，学习对标直播间是怎么做的，学习对标直播间的话术、套路和技巧。后面会详细讲解这个软件的使用方法。

  最后，有三个核心值得注意。分别是对标直播间的场景、对标直播间的选品以及相应的话术设计。在找到对标直播间之后，我们要去重点学习对方的直播间是怎么装修的，对方直播间的品是怎么排的，产品的定价是怎么做的，主播的话术是怎么设计的。学习这些之后，再去写出自己直播间的专属脚本。整个过程完整走几遍，我们就能快速突破新手期，达到理想的销售额。在完成重点学习之后再进行下一步——销量的提升。

三、借鉴对标直播间的话术快速上手

对标账号找好了，我们还是先从学习主播话术出发。在这里我给出几个方法供大家参考：

（一）录制对标直播间 10~30 分钟

我们看直播间的时候，会发现主播的话术都非常快、非常密。我们可以把他的直播录一个小时出来，学习分析每一个节点他都做了什么事、有没有发福袋、有没有上产品链接、有没有改价、放了多少个库存等。

（二）扒出对标直播间的话术

视频录制好了之后，我们可以借助网络上语音转存文字的软件将话术快速整理出来，然后分析每一句话的作用和目的。这种软件建议下载几个，在转话术的时候使用都是相当方便的。软件的效率不是人力可以达到的，所以在该偷懒的时候要学会合理地偷懒，这也是一个必备技能。

这里给大家推荐一个我经常用的网站——网易见外、云猫转码，可以快速转写，而且识别度还不错。

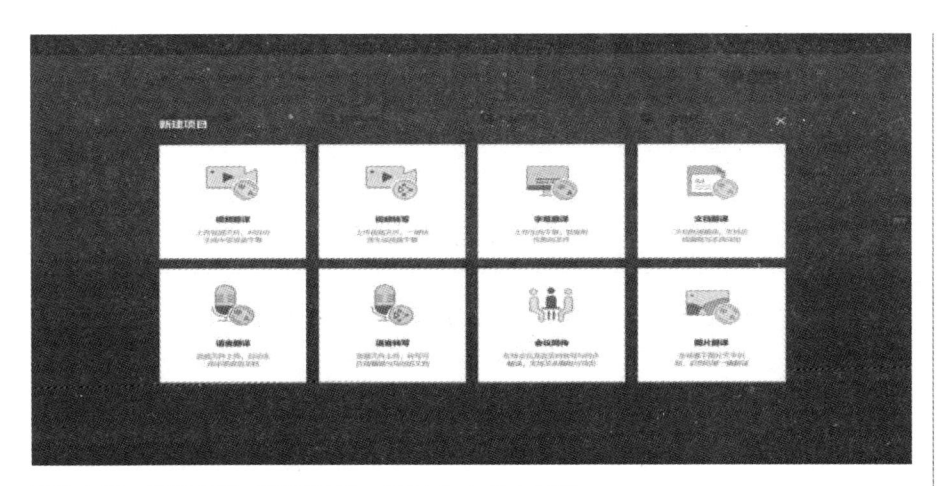

图片来源：网易见外（截取时间：2021 年 5 月 21 日）

（三）话术的模仿复制

这里就很讲究技巧了。当直播脚本给主播的时候，文字量可能高达几千字乃至上万字，主播是很难在短时间内背下来的。主播可以选择两种方式解决这个问题：第一，把脚本打印出来，放在自己的前面；第二，在直播的时候佩戴无线耳机，直播时同时播放对标直播间的视频，让主播反复地练习，也可以让主播在直播的过程中直接这么去操作。但这种只适合着急让主播快速上播的情况下使用，如果准备时间充足的话，还是不建议直播间这样操作。要记住，我们的目的是通过这样的方法快速让主播达到我们的要求。

（四）实操演练

录制回听直播间，反复优化。当主播掌握了这些方法，在上播之前还要做什么事情呢？就是在上播前要进行录制。通过反复练习，对话术反复朗读，让主播可以更加自然地向直播间粉丝呈现出更好的状态。在练习熟练后，就要为主播录制相应的视频，通过视频找出问题加以改正，再去录制。所有的步骤都应该重复三遍以上，多多益善。

为什么要求对主播训练进行录制？因为录制的过程就是主播熟悉直播过程的一种方式方法。提前熟悉这样的直播间环境，提前适应很多人在场的情况，可以使主播在上播后将自己最好的一面展示出来。

四、用好对标直播间提升效率

这里更多的是告诉大家学习的方法，让大家尽快提高，让直播间达到理想的销售额。

第一点，有些事情可以提前做。

看对标直播间的脚本话术，看它是怎么带货的，在自己的直播脚本中增加相应的细节。之前的章节提到过如何找到对标直播间，找对标直播间时，绝对不要找同类目的第一，因为那些对你来说没有任何参考价值。同类目第一的直播间，它的投流费用和背后的团队、供应链是你完全参考不了的。你有几千粉丝，单场卖几千块钱，就要找几万粉丝、卖几万块钱的账号，去跟它的直播间对标，达到它的程度之后，再去找更高的对标直播间。

第二点，有些事情可以不用做。

当不知道怎么选品的时候，看一下对标的直播间，一般对标直播间的销量还不错，就可以跟它选一样的品，这样至少可以保证这个品是没有问题的。如果选了一样的品，但是销量不好，那就去打磨自己的主播、场地和流量。在人、货、场、流都非常好的情况下，自己的货又比对标直播间的货有优势，就一定可以做得更棒，销售额一定可以做得更高。

第三点，有些事情千万不要做。

什么事情千万不要做呢？直播间的违禁词。如果看到对标直播间有一些违禁词，无论它受处罚还是没有受处罚，自己的直播间一定都不要这么做。如果对标直播间说了一些"界限模糊"的暧昧词语导致被封，我们一定要引以为戒。

还要仔细看对标直播间的直播，看它的销售高峰和低峰销售话术。这里也可以理解为借他人之力壮大自己，取其精华，去其糟粕，加快自己进入理想销售额直播间的速度。

五、全面分析对标直播间

对标直播间有五点最值得关注的内容，下面我一一列出来。

（一）开播时段

一天24个小时，20:00—24:00都是抖音平台S级主播直播的时间段。作为新手直播间，应该选择什么时间段去开播比较好呢？首先要看一下与自己直播间相类似的、同级别的对标直播间以及同类目、同行的顶级主播的开播时间，自己的直播间可以尝试与他们错峰开播，这样可以减小竞争压力。

（二）开播内容

对标直播间开播的时候是什么样子的？是在做活动，还是发福袋？是在送好礼，还是要求粉丝给直播间点赞？这样的直播间细节一定要观看清楚。

（三）选品排品

跟自己直播间类似的直播间是如何选品、如何定价的，他们的策略是什么，一定要在观看的时候记录下这些内容，从而少走很多弯路。

（四）开播话术

新手主播在前期不会自己写话术脚本，完全零基础的情况下，怎样才能更快地提高自己对于直播话术的理解呢？总结一个字——看。看什么？看对标直播间的脚本话术，然后照着学就行了。

(五) 开播配置

这里指直播间的人员、设备等跟直播相关的配置。看对标直播间的配置都是如何搭建的，也就知道了自己的直播间应该如何搭建。在后面会给大家讲从零到单场百万的直播间应该如何搭建、不同类目的人员配置应该是什么样的。

以上五点如果全部做到，顺利开播基本就不会有问题。在这个基础上不断地提升自己，就能不断地提升直播间的销售额。

第四节　塑造产品价值 迈向中级主播

一、培养产品讲解熟练度，传递信任感

主播在直播间所展现出来的对产品的讲解熟练度，会影响用户对直播间、对产品的信用度。主播如果自己都不熟悉产品而展现出比较生涩的介绍，会让用户怀疑"你是否真的了解过产品，我是否应该相信你介绍的卖点、是否应该相信这款产品"，就更别说会下单了。

主播对产品介绍越熟练，越能给用户传递可信度，从而让用户产生购买的意向。因此这一节将与你分享三个如何培养对产品的熟练度的方法，以增加用户对产品和对主播的信任感。

(一) 重复产品的卖点

重复卖点可以加深用户印象，随时更新话术，提升用户购买力，增加自信心。新人主播在开播前拿到产品脚本之后，要反复熟悉、反复练习，对产品有足够的熟练度之后，再去满足结合话术技巧、承接流量的能力等层面的需求。

(二) 引导用户互动

熟练互动话术及控场能力，增加直播间的活跃度，从而传递给用户信任感。

比如说，在直播的过程中经常使用"来，新进直播间的宝宝给主播点点赞，点点关注，双击屏幕""想要这款产品的给主播点点赞，打个6"这类话术，可以让用户与你互动起来。在塑造产品价值的时候主要突出产品的卖点，直戳用户的痛点。并且在这个过程中，引导用户不断互动，提升用户对你的信任感。

（三）巧用"秒拍"

秒拍也就是"闪购"功能，可以炒热直播间氛围。闪购与普通的小黄车链接是不同的，小黄车链接也就是购物车链接，相当于一个商品库，用户能直观地看到每款产品多少钱，有多少库存，产生购买的紧迫感不足。而闪购是只针对当前产品弹出链接购买，拍完链接就没了，能大大加强用户购买的紧迫感。闪购功能目前只针对部分类目开放，比如珠宝、酒、茶叶。

以上三点，"刻意练习"至关重要。只有持续训练才能增加你对产品的熟练度，所以一定要在开播前把产品交给主播，让主播反复练习。

二、三个思想，帮你快速准备脚本内容

对产品有了充分了解之后，主播在讲解产品的时候，还需要注意哪些问题呢？我们一般会遵循三个原则：

（一）内容要言之有物

在直播的过程中，货品的好坏其实能很直接地基本显示出来。所以一定要言之有物，将用户通过肉眼可见的实物展示，结合用户的需求去表达和引导，让用户感觉这个货品好、这个货品我需要。

讲解这点的时候要注意，不能浮夸地表达产品本身没有的特质，特别是平台管控比较严的一些问题。这样做不仅对直播间的销量没有帮助，反而对平台评定"直播间是否违规"有很大影响。很多直播间被封，就是因为虚假宣传，

所以这个事情一定要规避掉。主播说的东西一定要言之有物。

（二）逻辑上要环环相扣

这也是两个产品过渡的时候，减少用户流失的技巧。介绍货品时一定要有逻辑，产品价值塑造、产品价格设计、成交逼单环节一定要环环相扣，不能前言不搭后语。比如我们前面用的 9.9 元的帽子做福利款，快速把在线人数拉到了 300 人，如果我们只是单纯地说"接下来我给大家上我们的另一款福利"，然后上了我们的衣服，这种情况就会导致人数快速流失。这个时候，我们可以尝试用更大的福利来留住用户（即使接下来这款产品是我们的利润款，我们也要说是我们的王炸福利），比如"哇，今天这么多宝宝支持啊，一下就 300 人了，那主播今天也不磨叽了，直接把我们王炸福利的小西装送上来。这个王炸本来是准备直播间 1000 人的时候再给的，今天看到大家这么热情，就提前放给大家了，想要的宝宝把 1 扣在公屏上！"这样过渡有逻辑、有原因，还有好的诱惑，才能让用户停留在我们直播间。

还有一个技巧，主播在带货的过程中，可以带相关联的系列产品。比如：卖筷子篓可以顺带卖筷子；卖餐具可以顺带卖桌布。卖 T 恤时，说大家看一下我身上的这件 T 恤好看吗？我搭配的这条裤子也不错，非常显腿长，大家可以一套去购买。这样有关联性地过渡到下一个产品，才能减少用户的流失。

你所看到的好的直播间好像在随机地说一些品，其实都很有逻辑，要提前设计好，再自然地过渡到下一个品。

（三）演绎中不空不乱

有的货品靠语言去形容，并不能完全表达出它的优势。那么，没办法表达清楚，甚至不能说的时候，该怎么办呢？这时就需要我们与货品进行互动。

图片来源：汣峙直播（截取时间：2021年5月21日）

比如展示使用货品、给予货品特写。描述衣服抗皱，可以现场做实验，反复揉搓，甚至用刷子刷，然后给试验后的产品做特写；描述产品的遮瑕效果，只靠嘴说是不能让用户信服的，要结合我们现场的实验进行对比，让用户产生更直接的信任感。

讲解产品除了遵循这三大原则之外，我们还可以巧用道具。

像小白板、秒表等工具性的产品，可以增加现场的互动行为。比如在逼单环节，拿出提前准备好的秒表，限时一分钟。在我们卖衣服的时候，尺码表等工具可以方便用户更快速、更直观地了解我们的产品。

总之，所有的环节在直播的过程中都是提前设计好的，而不是拿了一个品，机械地说"接下来……接下来……"，这样接下来你的直播间就没人了。

所有货品环节都需要进行巧妙的设计，一定要做到环环相扣、不空不乱。学会这几点，在讲解产品的时候才不会凭着感觉瞎说，而是遵循系统的逻辑，有条理地讲解产品，并且在产品过渡的时候，能最小程度地减少用户流失。

三、选品排品策略

在直播中，产品卖得好不好，还会受到前期选品策略的影响，好的货品结构以及价格定位，会让我们销售得更轻松，同时利润最大化。那么，选什么样的产品更适合我们的直播间，又要设置什么样的价格才能让用户轻松下单？这里主要跟你分享业内常见的选品策略。

选品一般分为四款：秒杀款、福利款、利润款和爆款。

秒杀款（纯亏，用于拉升人气）。

福利款（微亏或者不亏，可大量放单做转化率）。

爆款（既能够赚钱，也能够拉人气）。

利润款（顾名思义，一场直播80%的利润来源于这类产品）。

秒杀款，用于前期起号和后期在线人数下降厉害时救场拉人气。单场要设置好亏损预算，比如起号的时候我要亏2000元，那就一单折合亏损，算出你可以送出多少单，秒杀款可以是9.9元，也可以是29.9元，一定是利润值低的品。因为利润值低了，成本就高，用户就觉得足够炸，毕竟成本摆在那里，最好是选择用户原有认知中成本比较贵的产品。比如在常规认知中，中小西装就比T恤要值钱，电饭煲要比平底锅成本高，也更有吸引力。秒杀款不需要太多，但一定要杀伤力大，一般秒杀款在一场直播里占比10%就可以了。

福利款，它的设定一定不能和爆款与秒杀款类似，一定要是不同系列但又有相关性的。比如卖鞋子，就送袜子；卖手表，就送手镯。如果卖鞋子，福利款也用鞋子，而且是低价出售的，那么用户买了便宜的鞋子，再去购买鞋子的概率就比较小，这样就没有起到引流的效果。一般福利款在整场直播里占比40%

左右，如果福利款太单一的话，就不能很好地起到用户留存效果。

爆款，是四种品类中最重要的，这个品的利润值一定要低。可以理解为成本要高，卖价要低，一般把爆款的利润率控制在20%，因为你赚得少了，用户得到的就多了，也就是我们常说的高性价比产品。要采用薄利多销的模式拉高自然流量、拉高场观。之后可以通过直播间的数据运营测出产品是否具有爆款潜质。爆款产品一般在直播里占比30%左右。

图片来源：汝峙直播（截取时间：2021年6月22日）

利润款，顾名思义，就是我们赚取利益的产品。一场直播里，利润款不用太多，占比20%左右就好，但是我们80%的利润会源于这类产品。

上面跟大家分享了业内主流的排品结构体系，对产品结构体系有了初步认知后，我们才能去制定相应的话术脚本，去了解每一种产品在直播间起到什么作用，什么时候上相应的产品，才能把直播间利益最大化。

四、几种塑造方法，助力产品价值倍增

上文带大家了解了产品的结构体系，接下来跟大家分享一个优秀直播间的话术脚本拆解，让大家对话术有个初步认知。

活动主题		睫毛膏粉丝专场
价值塑造1	痛点	下眼毛，眼角、眼尾不容易刷到，有死角
	卖点	2.2毫米，螺旋式刷头，越刷越长，越刷越密，可以捕捉到任何一个细小的眼毛
	人群	睫毛软塌的妹子的福音
	期待	毫无压力地打造同款卡姿兰大眼睛
价值塑造2	痛点	市面上的子弹刷头，刷头大，出膏体多，一不留神就刷到上下眼皮，结块染成坨，很糟心
	卖点	2.2毫米螺旋式刷头，不仅出膏体流畅，同时能均匀刷到每一根细小的眼毛
	人群	手残党的妹子再也不用担心啦
	期待	以后再也不需要花时间种眼毛、贴睫毛了
价值塑造3	痛点	夏天到了，产品脱妆、晕妆，耽搁时间，影响颜值
	卖点	咱们家的眼妆产品主打就是防水防汗防脱妆的，搭配上洗面奶，可以洗掉
	场景	带妆游泳、跑步、健身练、练瑜伽都没有问题
	期待	一次画好，不用补妆，方便

互动引导	互动	拍完的宝宝记得给主播点点关注，点了关注咱们家优先发货
信任设计	保障	24小时内就可以看到物流信息，咱们家默认三通一达
价格设计	开价	39.9元1只，59.9直接3只，5只是79.9。
成交逼单	逼单1	1只可以使用2个月，3只能用大半年，建议大家3只、5只囤
	逼单2	最后的200单啦，拍完我直接就下播了
	逼单3	直接付款，不要加入购物车了，省得助理清理库存

欢迎新进直播间的宝宝啊，咱们今天是睫毛膏专场，百万福利免费捞，想要福利的宝宝给主播点点关注，送个粉丝灯牌。**（解析：诱导互动，给用户足够的诱惑，使其主动参与互动。）**

来，咱们的开播福利给大家送上，下方小黄车1号链接，咱们家2.2毫米螺旋式刷头睫毛膏。宝宝自己看一下，2.2毫米螺旋式刷头啊，宝宝越刷越加长，越刷越加密。它不仅可以刷到一些纤长的睫毛，还可以捕捉到任何一根细小的眼毛，包括咱们最难刷的下眼毛、眼角、眼尾，都没有关系，它都可以照顾到，**（解析：产品基础特点介绍。）** 给咱们毫无压力地打造同款卡姿兰大眼睛。**（解析：给用户以美好愿景和期待。）** 宝贝们，没有对比就没有伤害，自己看一下两只眼睛的对比。**（解析：化妆品实验对比最直观、更有冲击力。）**

主播的睫毛是属于严重的软，但是没关系，刷完睫毛是不是感觉我整个睫毛都立起来了？**（解析：软睫毛用户的痛点置入，并给出解决后的效果。）** 所以说大家放心去拍就行了，抓紧时间，抓紧手速。下方小黄车1号链接，宝贝直接拍起来，39.9 一只。今天在我直播间点了关注的宝宝，我 59.9 给大家发三只睫毛膏，79.9 我直接给他放五只睫毛膏。主播建议大家直接三只三只地拍回去。**（解析：优惠的叠加与对比，加强用户的购买，以及提高客单价。）**

因为咱们今天是睫毛膏专场，宝宝以后你想拍，不好意思，拍不到了，明白吗？所以大家放心大胆去拍就行了，抓紧时间，抓紧手速，下方小黄车 1 号链接直接拍起来就行了。

而且宝贝你自己看一下，没有对比就没有伤害，自己看一下，咱们市面上通常用到这种子弹刷头，一不留神就刷到咱们上下眼皮。而且刷两遍或者两遍之后，就导致结块染成坨的状况出现。**（解析：对比凸显自己产品优势，并引出痛点。）** 为什么呀？宝宝，因为它的刷头大，出膏体多，能理解这个意思吧。你自己看一下，咱们家的 2.2 毫米螺旋式刷头，出膏体流畅，能均匀刷到每一根细小的眼毛，毫无压力地打造卡姿兰大眼睛，以后再也不需要花时间花精力去种眼毛、贴睫毛了，能明白吗？**（解析：给出解决方案及使用后的好处。）** 放心拍、放心用就 ok 了。抓紧时间，下方小黄车 1 号链接直接拍下来就行了啊。

2 号链接是咱们家的眼线笔啊，宝宝们自己看一下，眼线笔精致到 0.01 毫米，一个软笔刷头，一笔成型，出水特别流畅，宝宝们自己看一下。新手手残党宝贝都是可以 hold 住的，放心拍就行了。**（解析：非主推款，简单介绍一下产品。）**

3 号链接是眉笔啊，主播建议大家三款眼妆产品都拍回去，睫毛膏、眼线笔、眉笔都是咱们生活中的必备品和消耗品，都能用得上用得着。放心去拍就行了，抓紧时间，抓紧手速。下方小黄车 3 号链接直接拍下就可以了啊。

宝贝，咱们家是防水防汗防脱妆的，不会掉渣渣。主播再来测一下防水效果。拍回去，宝宝不要用清水和热水去卸妆。搭配上洗面奶，轻轻松松可以洗得掉。因为咱们家两款产品主打防水防汗、防脱妆，包括你平时带妆游泳呀、跑步、健身、练瑜伽都是没有问题的。残留在纸上的，只是多余的水分，能看得清楚吗？**（解析：现场实验，增加产品信任度。）** 宝宝们，放心去拍就行了，尤其像现在特殊情况，比如戴口罩时哈气、吃火锅时的气啊都是没问题的，防水不脱妆。主播从今天早上9点带妆到现在了，都不会有脱妆晕妆的状况出现。我今天刷了几十遍、几百遍了，照样自然卷翘，持久卷翘，根根分明。**（解析：主播自用款，现场效果增加用户信任。）** 宝宝们放心去拍就行了，抓紧时间。

尤其睫毛软塌、稀少的妹子，你们的福音来了，直接点击下方小黄车，直接去拍，你自己看一下。可以撑住一个牙签的重力。**（解析：直击睫毛软塌用户人群。）**

所以说大家放心去拍就行了。咱们今天拍到的宝宝，记得给主播点关注啊，点了关注优先发货的，24小时内就可以看见你的物流信息了。**（解析：诱导评论，给予用户参与互动能得到的好处。）** 默认三通一达，有特殊要求的备注一下就 ok 了啊，宝贝们回去了自己去刷，自己去感受感受。好用了，回来给主播一个好评就行了，放心拍就行了。

你拍完直接去付款，不付款不需要加进购物车啊，省得我们清理库存，能明白吗？不要占着库存，因为咱们今天本来就是睫毛膏粉丝专场，大家都想去拍这个价格，所以大家不要空占着名额，影响其他宝宝下单。**（解析：逼单话术，不付款的会清理占库存名额。）**

服装类目脚本

活动主题		连衣裙专场
价值塑造1	痛点	裙子穿两次就皱巴巴，洗两次就掉色
	卖点	复合面料，再加固色处理。随便揉搓不起皱，垂感好
	场景	办公室坐太久，裙子会皱
	期待	随便洗，不用熨烫，可以穿很久
价值塑造2	痛点	担心肩膀小、方领会走光
	卖点	设计贴合胸口不曝光，显肩小的设计、贴合肩型
	期待	随便蹦蹦跳跳，任何场景都不用小心翼翼
异议处理	异议	价钱不高，担心买到质量差
	处理	源头直供，刚进抖音为赚粉丝，给的福利大
互动引导	互动1	有XX经历的打个1啊
	互动2	关注的姐妹，还送全套定制礼盒加定制衣架
	互动3	没抢到的姐妹扣个1，统计一下
价格设计	开价	咱们109给大家开
成交逼单	逼单1	后台统计加库存
	逼单2	长款只有XL了，短款还有L和XXL

以下是直播实战话术：

直播间的所有姐妹，有没有买过裙子，穿两次就皱巴巴的，有没有？有没有穿两次皱了或者洗两次就掉色的啊？有吗？有这个经历的打个1。**（解析：切入产品引导互动。）**

买裙子就是担心裙子容易皱的啊。我跟你讲，我们的面料是拉过来再复合，然后再经过固色处理，所以说如果你买完掉色的话，我跟你讲，退回来给我，退回来给我，好不好？**（解析：用于承诺，增加信任。）**

然后再看一下这个质感的啊，其实这条裙子啊每天都已经被我揉搓 N 次了，真的每天被我揉搓。来，看一下。你们丢进洗衣机搅，也就这样子吧，是不是，你再拧狠一点啊。这样子，是不是，要么就是办公室里坐太久了，然后再一起来，这边全是褶子，对不对？来，打开来看一下啊。准备好了，来，三、二、一，看到吗？抖两下，就顺了，就直了，就没有折痕了，看到了吧。所以说你可以对我们的面料放心，它属于不易皱的，抗皱性质非常非常好的，而且给你看一下它的垂感。看到了吧！**（解析：实验展现产品卖点。）**

所有买了那些什么皱巴巴裙子的姐妹看过来，看到了吗？不用担心。

也有很多人说，哎，我说价格稍微低了一点啊，担心自己买到差的。你放心，我为什么定这个价格呢？因为其实就是一句关注，为了关注。我原本没有做抖音，之前我是做上面供京东大店，下面是供实体店，两边都同时供的，今年才开始做抖音的，然后呢？你看一下我为你定的价格，如果我供给别人，别人再给你们，那你们收到货就是 179，就是 269，对不对？因为我是自己做，我们是源头，你们直接对接源头，所以价格会比较福利。**（解析：人设打造，给到便宜的理由。）**

这价格没谁做了，我还做包边，是不是，来就为了关注，而且关注的姐妹，还有个大礼是什么呢，我要送你全套定制礼盒加定制的衣架，是的，加粉丝团的姐妹啊，是可以有这个福利的，对吧！所以可以放心啊，我们实力还是很强的，你们可以放心。新进来的姐妹啊，拍了连衣裙的，一定要回来扣个已拍，加个粉丝团。

然后我教你们怎么加粉丝团，怎么点关注。看到没有，在我们的左上角有个黄色小爱心，点一下加入粉丝团就可以了，点这里。点进去然之后加入粉丝团。在我们的右下角有个黄色购物车。点进去里面有长短款的选择，不知道拍什么尺码的话，在我们的左上角也有尺码推荐，一定回来扣已拍，因为这样子我们才会送你礼盒包装的啊！（解析：指导用户下单。）

因为毕竟是方领嘛，有没有担心自己肩膀比较小，害怕它会往下掉的，担心这边会走光的，有没有？有的来扣个有啊。有吗？有，是不是？来，先看一下。（解析：第二轮切入产品引导互动。）

它本身的设计上贴合你的胸口。看一下领子，领子不是这样子，它是这样子贴合的，对吧？哪怕你旁边有个很高的男生，哎，倾斜一下也不会走光。然后你这样弯一下，它是不会往下面坠的，不会掉的。它是可以贴合的，不会掉，如果你要弯腰捡东西，那就挡一下。（解析：展示设计卖点。）

还有担心这个肩膀的。我的肩确实比较宽，确实也是适合显肩小的设计，但是呢？一个人的肩不至于这么短吗？是不是？你说是不是，这得年纪多小才有这么小的肩膀，所以说，一般 36/37/38 以上的肩宽，女生是完全可以驾驭的。这可以放心啊，你看我抖两下，怎么样，给你看了，它不会掉，你这样子，对不对，你看它也不会掉哦。（解析：打消用户顾虑。）

它是整个贴合的肩型的，可以挂得住的，这个是可以放心的啊。来，我看一下啊，长款只有 XL 了，短款只有 L 和 XXL 了。全部抢完了。

全部抢完了。来，有没有点了关注没有抢到的姐妹？我是 163 哦，有没有点了关注没有抢到的姐妹？来，扣个小 1。点了关注没有抢到的姐妹，来，扣个小 1 啊。我给你看一下，搭个包包，哇，真的太好看了！等会给你看短款。有没有点了关注没有抢到的？来扣个 1，后台帮我统计一下。哎，这么多姐妹居然没有抢到吗？**（解析：营造紧俏氛围感，返场再销售。）**

来，你们后台帮忙统计一下有多少没有抢到的。还有 50 个是吗？来，这样子，给我们 50 个姐妹加一拨库存，准备好了啊，来，五、四、三、二、一，姐妹们，手速准备好，抢 1 号链接。

以上只是一个大致的拆解，目的是带大家初步了解话术。后面我们会有专门拟订话术脚本的学习内容，并且在附录里会有多品类话术的详细结构总结和拆解。你可以先根据上面的思路，对自己的话术或者对标直播间的话术做拆解，看每一句话起到什么作用，为什么要这么说。

五、两种心态，冲破购买空白期

直播开播后，主播尤其是新手主播和新直播间，会有一个很尴尬的时期，就是购买的空白期，直播间要么没人，要么有人但卖不出去货。在货、场和流都没有问题的情况下，主播碰到这样的尴尬期，该如何调整心态呢？又应该保持什么样的心态呢？分享两个建议给你参考：

（一）坚持

所有人都是从新开始的，要坚持输出更好的产品和精神，不断精进自己的话术，不要畏惧，现在不成交，代表我们还有很多值得优化的地方。当产品的排品、定价，包括场都做到一定程度的时候，成交就水到渠成，销售额早晚都会有突破。所以一定要坚持，无论是个人主播还是企业品牌，一定要把时间放长看，不要急功近利。

举个例子，在做淘宝店或者线下店的时候，会有两个月到六个月的装修期和操作期，而做抖音，你也不必给自己压力，期望一定要第一场就卖爆，更何况很多人在直播带货领域完全是新手。所以自己更要做到坚持，好的方法和过程早晚都会带来好的结果。

（二）稳定

不管发生什么，主播的心态一定要稳，成单是有概率的，每个行业不同，成交概率也不同。

主播除了坚持之外，心态也一定要稳。不要因为今天没有人就不想播，也不要因为今天直播间有 1 万人的场观，销售额达到了 100 万就开始飘飘然，那肯定也是不行的。要知道一个直播间销售额高是由整个团队，包括后端的供应链、投手、运营等，大家一起努力的结果；做得不好，大家一起去调整、复盘，去解决问题；做得好，那是团队的努力。所以不管什么情况，主播和团队的心态都要稳定。

六、两个信念帮你更自信地传递产品精神

前文我介绍过主播对产品的熟练程度会影响用户的信任度，所以主播需要通过多次重复的练习来熟悉产品、传递信任。影响用户对产品建立信任的原因，一方面在技巧，看你对产品是否能熟练地展示；另一方面是心法，主播是否能更自信地传递产品和精神。

之所以提到要更自信地传递产品精神，是因为来直播间的用户，背景和需求都不一样，主播也没有足够长的时间，去深度建立链接以了解用户，就会担心"我这样介绍有用吗？用户到底会不会买？有没有击中他的需求？他会吐槽或者评判我的产品吗？"。所以我暂时粗浅地把这种状态理解为：有的主播在卖货的时候，没有意识到如何发自内心去给用户推荐好的产品；或者意识到了，

但不知道如何更好地呈现这个状态。这里我总结了两个方法让你走回正轨：

（一）带好货，带真货

做带货就是要把更好的产品带给大家，就像化妆品，是为了给人们带去美丽。一定要保证卖的产品是正品，而不是假冒伪劣产品，这个非常关键。无论是线下卖货还是线上卖货，初心是不能变的，我们的心态一定要摆正，这是做生意、做人的根本。所以说要摆正带货的心态。

（二）一定要相信自己的产品

主播如果打心底里都不相信自己的产品，那么在用户粉丝面前、你对着镜头做讲解的时候，一定是不够自信的，也不能把好产品的价值传达给用户。

如果连自己都不相信这个东西足够好，那么产品推荐给用户就是一种欺骗的感觉，好的带货主播一定要相信自己的产品。

如果主播看到这个产品就很心虚，给你两个解决方案：一种是换品；一种是进一步熟悉这个产品，找到产品好的价值点，真心地把好产品推销给用户。或者学会角度切换，缺点也可以是优点。举个例子，郊区的房子虽然很便宜但是很偏远，换个角度看，偏远是缺点，但偏远也意味着安静，周边环境好，空气新鲜，没有城市的污染，适合养老。

总之，找到产品的优点，并发自内心地相信产品，无论是性价比还是质量，都是最棒的。

然后，主播就可以发自内心地表达状态、情绪、话术，这样也就做到了直达用户内心。你要知道，主播跟用户就像面对面的感觉，我们只有把情绪传达给用户，观看的人才会有购买的欲望。

第五节　拿来即用的百万主播高效话术

带货直播间，其实就是线上形式的销售，在货品固定的情况下，决定我们产品销量的全靠主播的话术和讲解的节奏，用户的停留、评论、转粉率都会直接影响我们自然流量的获取，这三个指标同样也需要主播通过相应的话术来进行引导才能达成。

切记，在我们要求用户参与互动行为（包括评论、点赞、加粉丝团、送粉丝灯牌）的时候，一定要给他们足够的好处和诱惑，不然就没有足够驱动力让他们主动做出相应的行为。下面给大家整理了几个业内常用的话术模版，希望能够帮到大家。

一、互动话术（给用户互动的动力、足够的诱惑）

直播间的点赞、加关注、加粉丝团、送粉丝灯牌、评论区回复，都可以称为互动行为。在直播的过程中，这些互动数据指标越高，直播间的权重就越高，越能获得更多的流量推荐。让用户互动，一定要思考用户为什么要和我们互动，一定要告知用户和我们互动能得到什么好处。

（1）今天直播间超过 1 千人扣 111 的，我直接给宝宝们 39.9 元的开炸。

（2）谢谢家人们的支持，大家赶紧帮我把赞点到 2 万，我给家人们来一拨超大福利。

（3）大家觉得我推荐的款好不好看，想要的扣 111。有多少扣 111 的，我今天就给大家上多少件库存。

（4）欢迎 XX（名字）进入直播间，点关注不迷路，不用刷礼物，卡个粉丝灯牌就行了。我给大家送红包，不让你们花冤枉钱。

场控脚本					
开场福利	穿插福利	互动氛围		互动玩法	促销套路
点赞过万抽奖/秒福利	点赞过万抽奖/秒福利	好不好看——团队回复好看		有没有***扣1	买一赠几（再送一组、再送一组）
在线多少抽奖/秒福利	在线多少抽奖/秒福利	给不给力——团队回复给力		想要的***扣1/想要/宝贝数字	买组合再减多少
10分钟福袋抽奖	10分钟福袋抽奖	不满意/不喜欢——团队回复7天无理由退货		抢到的***扣1/抢到/宝贝数字	逐步报价格（199、99、69）
10分钟倒计时红包	10分钟倒计时红包	倒计时上架——团队回复5、四、三、二、一		没抢到的***扣1/没抢到	新品限量特惠
开场互动扣1/**秒福利	开场互动扣1/**秒福利	还有多少库存——团队回复只有3个/没有了		还要不要***扣1/要	库存抢漏特价
本场大福利/新品剧透	本场大福利/新品剧透	秒杀结束倒计时——团队回复五、四、三、二、一		买过的说好不好***扣好/喜欢	无理由退货+运费险
		关注点灯牌——团队回复优先发货/送运费险			

上面是我们自己用的一个互动脚本，希望能帮到大家。

二、性价比话术（价值塑造足够好，价钱足够便宜）

产品价值塑造，一定是配合具体细节的描述，先让用户产生这东西真的好的心理，然后通过对比的手法，最终给出一个超出他预期的低价格，从而产生强烈的价格落差，营造出超级性价比。

（1）咱们这件衣服，你穿出去参加朋友聚会绝对不掉档次，他们绝对会认为这是价值1000块的品质。咱们的衣服就这么好，你只要100块就能买到1000块的品质，没啥可犹豫的，姐妹们赶紧小黄车下单。

（2）哇，终于要请上这款产品了，这款XXX产品一上来，懂行的家人们都知道它的性价比有多高。专卖店800块一件的，根本不带打折的，今天我们首次开播，一共申请了60条，直接399块给大家，抢到就是赚到，而且抢完就没有了，来小黄车1号链接给我准备上架。

（3）只要168，这个价格你没有听错。今天在我们的直播间，只要168，看咱们这个工艺，光这个重工刺绣的工艺成本就要50，咱们一个师傅一天加班加点最多也只能做6件出来。来！有没有想要的，给我扣个1。

三、信任设计话术（打消用户顾虑，给予用户承诺）

当前面铺垫到位之后，用户基本已经有了购买意向，但或多或少还有些顾虑。我们要直接将大部分顾虑打消掉，这时候就需要给用户承诺，让他明明白白下单，放心地进行购买。

（1）咱们直播间所有的产品，在发货前都会送到官方鉴定机构进行检测，检测合格后会给相应的鉴定证书，所以大家放心，质量保证是正品。

（2）大家可以放心去拍，咱们都支持你们去线下专柜验货的。假一赔三，假一赔三，买到假货你就赚到了。

（3）大家不用担心哈，我们支持七天无理由退换货。收到货，您有任何不满意，直接退给我们，而且我们额外赠送了您运费险，退换货不需要您花一分钱。

四、逼单话术（限时限量紧迫感 从众心理）

"逼单"是在产品价值塑造、产品价格开价之后进行的转化，也是一次销售流程里最重要的环节。

常用的技巧就是限时和限量。

（1）感谢家人们喜欢这款产品，只有5件了，拼手速的时候来了，还有3件了，没抢到的抓紧去拍，错过就没有啦。

（2）喜欢的家人抓紧到下方小黄车抢购吧，这款福利我们确实亏得太多了，不能让你们无限制地拍。这次只开30秒，能抢到多少看你们自己手速了，慢了就没有啦！

（3）这款产品我们库存一共只有10单，只给自家粉丝们送福利，抢完就没有了，大家抓紧去拍。

五、憋单话术（通过产品和话术提高用户停留和互动）

下面是业内 4 个月卖了 2 个亿销售额的品牌店的主播常用憋单话术，融合了很多技巧和玩法，整体话术结构非常完整且严谨，里面很多话术，既不违反平台规则，又成功地吸引了用户，非常经典，有需要的可以学习借鉴。

话术结构：

（一）活动介绍

意大利欧时力轻奢女腕表，今天 200 单，购物车 1 号链接 1 元送，我今天 1 单在里面贴 1 万块钱，200 单 200 万的亏损，不请明星，不请代言，直播间送给你们。

（二）游戏规则

点关注加灯牌之后，屏幕下方刷 1 号报名，参加 1 万块大套盒，手表加手镯加项链 1 元秒。

（三）产品介绍

手表：意大利品牌，知道 LV、爱马仕、普拉达的高端贵妇都知道的品牌（"碰瓷"大牌）。

全世界有 4000 家线下专柜，专柜价 3888（发票证明）。

表带钨钢材质，和 50 万的劳力士水鬼用的同一种材质（"碰瓷"大牌，凸显钨钢价值），瑞士进口机芯（"碰瓷"中国茅台、法国包包，凸显瑞士机芯表价值），你去奢侈品店带着这块表，任何售后、任何店员看到你都不敢对你怠慢。为什么？他就是身份证，他就是你身份的象征。

（四）信任设计

用户手册保真卡、VIP 的售后服务手册卡（在欧利时的专柜，年消费超过

15 万的 VIP 顾客才能有的、全世界范围打八八折）、二维码、Pin 码查询真伪，像奢侈品一样，一物一证。

（五）发掘需求

产品 500 米深度防水，解决夏天游泳、潜水的痛点（通过防水实验证明产品质量）。

（六）产品增值

3888 不带钻的升级为 5888 带钻的，国际 4C 标准，钻石切工，57 个切工面。手镯 3888 一只的，钨钢里，外面是 18K 真金的，上面全部镶钻的，比真正的钻石还要闪。并且我们都是老师傅，拿着小镊子在显微镜下手工镶嵌。

2999 一条的项链，是三个环的路头，18K 真金，里面全部都是钨钢，国际大牌。四种戴法：第一种，你可以像我一样简约款就戴一个；第二种，你可以戴两个；第三种，你可以戴三个；第四种，你还可以当尾戒戴。

（七）人设打造

直播间达人号开播，老板娘亲自开播，给大家豪横福利。这个套盒 1 万块钱，我今天送 200 单，每 200 单就相当于 200 万了，我就一个目的，就是要涨粉，我就要加关注。我的好闺蜜，我穿同一条裤子长大的好闺蜜，人家现在已经 100 万粉丝了，直播间在线 1 万人，我现在才 8 万粉丝，我心里不平衡。我不能输给她啊。我 XX 能丢钱不能丢人。

（八）报 ID

每个人点了关注，加了灯牌的去公屏扣 1 号报名，现在开始我念 ID，念到 ID 的宝贝，来 1 号链接去拍啊。**（配合公屏托儿，提醒点名说 XX 没有加灯牌，助播配合说已报名。）**

（九）指导关注加灯牌

来教下大家怎么点关注加灯牌，新进来的宝贝，没有点关注的一定要点关注。看这里啊，头像这边有一个红色的关注，点下就会变成我们的初级粉丝，变成黄色爱心，再点下，下面就会出现一个加入粉丝灯牌，只需要一个抖币，就可以成为我们的真爱粉。变成这个以后，回到公屏上去扣项链报名，实名制就报名了。

（十）没抢到，安抚用户话术处理

（1）很多人说，在我直播间抢得费劲。我就问他一个问题，1万块钱的东西，你在其他直播间是不是都在花钱？只有在我直播间，是我在给你送钱，我在给大家省钱。

（2）第二个问题，在任何时候，你在任何地方上班，除了每天的死工资之外，老板会每天给你发一个1万块钱的红包吗？不会吧！

（3）今天我就是来涨粉的，我今天200万在直播间砸下去，我就不信粉丝涨不起来，所以把关注点上。今天在我的直播间，我总共送200单，直播间现在多少人？9个人对不对，9个人200单，你抢不到吗？我平均一两分钟送一拨，一两分钟送一拨，一两百单送出去，你抢不到的原因，就是在我的直播间待得不够久，明不明白？

（4）为了保证我们的公平公开公正，给我点到1号链接进去看一下。目前1号链接已经送出去了，送出去30组，30组我就30万出去了。

（十一）诱导话术

（1）领了福袋的宝贝在直播间等着，等会儿福袋开奖的时候，哪个如果退出直播间，再进来就不算了。

(2) 一会儿我看倒数 5 的时候，你们就开始疯狂地刷新 1 号链接，因为你们看我手机现在这个实时画面啊，给你看一下，是不对等的，你们有十秒钟的延时啊，等会儿抢到了，记得要扣三遍抢到了啊。

(3) 我送的不是乱七八糟的东西，有些主播给你们送礼物送什么？送几块钱一支的眉笔，送几块钱一支的眼线，送 100 块钱的口红，他这个口红了不起吗？我给你们送什么，我动不动就给你们送上万块钱的东西啊。

(4) 我只给粉丝，把灯牌卡上好吧，我们是粉丝团优先弹灯牌的啊，优先弹链接的。不点灯牌的，怕你等一下抢不到，对，你们会抢不到的。

(5) 我先悄悄地跟大家讲个小秘诀。怎么秒啊？我们后台是默认互动最高的人就是扣 1 号扣得最多的人。扣 1 号扣得最多的人，粉丝灯牌是优先给你弹链接的，所以一定要先点关注加灯牌啊。

(6) 点赞点到 5000，立马送。

（十二）备注

中间内容反复讲，引导互动，憋着等人数起来再开单。

以下是直播实战话术：

今天直播间 200 单，我们来自意大利的欧时力轻奢女腕表，来，今天 200 单，购物车 1 号链接给我送，明白吗？大家跟我一起点购物车 1 号链接，我先跟大家看一下。**（解析：点出今天活动的产品数量，用意大利产品做吸引，1 号链接引导点击，送字拉停留。）**

来，现在直播间的所有宝贝，我跟大家讲一下游戏规则。

1 万块一大套盒，加手表加手镯加项链，今天是我直播间的粉丝，来给我点了关注，卡了粉丝灯牌的啊，必须给你们送啊。来，在直播间的所有宝贝扣

1号，把1号全屏刷起来。在直播间给我点了关注的，刷了1号的所有宝贝。1万块钱的大套盒，今天在我的直播间购物车1号链接，给大家王炸秒掉，豪不豪横？豪横是不是？今天更豪横一把。今天给你们秒多少知道吗？今天来我的直播间，给你们送多少单。200单！200单啊。

来，我跟大家讲怎么秒啊，点关注加灯牌之后，屏幕下方刷1号报名。有几个人刷了1号报名，我1号链接1元秒，我给大家送，告诉我，豪不豪横？豪横。但有要求，一定要点关注加灯牌啊，跟大家讲一下怎么送啊。首先，头像旁边点了关注之后，去屏幕下方，旁边去加下粉丝灯牌。带了灯牌的宝贝，给我点1号链接，自己进去看，给大家去1元秒啊。**(解析：反复强调游戏规则：想要参加200单1万元套盒1元秒活动，必须加关注加灯牌，公屏刷1号，并引导去1号链接点击停留。)**

先跟大家讲下，这个欧时力的手表，是意大利品牌。在很多大奢超市里都有专柜，知道爱马仕，知道普拉达，知道LV的品牌的人都知道。欧时力在全世界有4000多家线下专柜。**(解析：先介绍手表，"碰瓷"品牌，提升自身价值，线下专柜做保障。)**

来，这只腕表自己看，女人一定要有一只腕表。来，欧时力的，时尚腕表品牌，这个手表3888。给我点了关注加了灯牌，来屏幕下方全屏刷1号。1号越多，待会儿给大家王炸开得越多啊，在1号链接。来，今天在直播间，送多少单？200单！相当于1单的话，我今天在里面贴1万块钱，200单200万的亏损，不请明星，不请代言，直播间送给你们的啊。**(解析：强调时尚品牌、价格、参加游戏的规则、1单1万亏损，准备引出人设。)**

先跟大家介绍下品质，首先很多人说，哎哟，这个主播是不是傻？1万块钱，3888 的手表直接送，是，今天就是送给你们的啊。来，全屏把那个 1 号刷起来，好吧。刷 1 号报名啊。来，一会儿我念到名字的宝贝，1 号链接给你去拍。好吧，我念到名字的宝贝去拍啊。

来先跟大家讲一下。来，这个整体 1 元给大家秒，通体全部是钨钢材质。上面所有的表带，你们要知道，像劳力士啊，水鬼 50 多万块钱一只的表都是用的钨钢，而且里面所有的机芯，1 元给你们秒，1 号链接啊。1 号链接，1 元给你秒的，全部都是瑞士进口机芯。来，中国有几样东西啊，全世界范围都有名，我来给你们总结一下，中国的茅台是不是王炸？是，中国人的当家花旦啊！法国的包包是不是王炸？是，法国人的当家花旦！来，瑞士进口机芯腕表。（**解析：准备解决客户信任问题，材质讲解，都是用的"碰瓷"大牌来提升自身价值。**）

很多人说，能不能保真？来，宝贝，自己看。首先，第一点跟你保证，1 号链接拿回家，欧时力有用户手册，表绝对保真。第二点，我今天再送你们礼物，好不好，给不给力？来，有整套 VIP 的售后服务手册卡。这个卡是我们在欧时力的专柜，年消费超过 15 万的 VIP 顾客才能有的。拿这张卡，去全世界范围给你打八八折啊，旁边全部有二维码。查询真伪，像奢侈品一样一物一证，全部都有。（**解析：解决是否正品疑惑，拿出了购买发票、用户手册、售后服务卡、二维码、"碰瓷"奢侈品一物一证。**）

有很多人说，瑞士进口机械表为什么在全世界上那么贵，那么有名，今天 1 号链接给大家 1 元秒。来，自己看，三、二、一。夏天要不要去游泳的，要不要潜水的，这个手表现在直播间，是我的粉丝来，给你送啊。就收你们一个邮费的价格啊，邮费现在都要三四块钱、七八块钱一单。来，在直播间看到秒表在动的宝贝。看到秒表在动没有，一、二、三，来看到秒表指针在动的宝贝，给我扣个看到了，看到了的宝贝，我今天给你开王炸，1号链接，自己点去看。**（解析：防水实验，引出夏天游泳潜水痛点，并且随时引导互动。）**

主播我今天豪横到底，坚决宠粉，我让你们知道什么是直播间达人号开播，看下老板娘带来的豪横福利啊。来，看到的宝贝扣看到，看到了吧？看到了是吧？

来，看到的宝贝，我给你升级，看清楚啊。专柜价格就这一块是没有钻的，不带钻的啊。不带钻的表3888是不是，来，扣了看到的后台统计ID，今天给你们全部升级，全部升级为带钻的。都给你们升级为带钻的，看不看得清楚。全部都符合国际4C标准，钻石切工，57个切工面。刚刚进来的宝贝，赶紧把关注点起来。这个今天在直播间，我1号链接给大1元秒，豪不豪横？豪横吧，来，谢谢大家啊。

先跟大家讲下怎么样去报名啊，每个人点关注加灯牌去公屏扣1号。现在开始我念ID，念到ID的宝贝，来1号链接去拍啊，扣1号，扣1号，XXX，XXX没加灯牌，来XXX一号链接啊。中控，来后台统计一下ID，1号链接1元给我去秒。来，还有谁？

戴表就怕手表进水，对不对？我跟大家讲，这个手表全部瑞士进口机芯，你们要知道像LV、古驰、普拉达。你们带着这个手表去任何奢侈品专柜，人家服务员看到你带着这个表，会对你毕恭毕敬，为什么？这个就是身份的象征啊！**（解析：产品升级介绍、随时提醒新进直播间的用户参与活动及玩法，手表附加值身份象征。念ID让用户停留，XXX是托儿，一直不点关注，方便主播提醒其他用户不关注参与不了活动。）**

3888一只的表，来，今天1号链接啊。1分钟之后，来一号链接给大家放王炸，在直播间等着我。来，后台帮我统计ID了吗？好，今天总共送了多少单。200单，200单200万送给你们，一单1万块钱，200单200万的。

来，很多人刚刚说，有没有我手上的镯子，喜欢镯子吗？喜欢，3888一只的，钨钢里，外面是18K真金，上面全部镶钻的，下面还刻了字，喜不喜欢，喜欢的扣个手镯。扣了手镯的宝贝，一会儿我来念ID，一号链接3888手表，加上我手上的这个手镯，来一号链给我准备去拍。来扣手镯啊。

1号链接，给我加个手镯。手表加手镯啊，想要手镯对不对？来，后台统计好ID，来，XXX，已登记。来，手镯。来，XX没有扣手镯啊，来扣手镯，扣了手镯的宝贝，一定要点关注卡灯牌，宝宝一定要加灯牌啊。我刚跟大家讲，我的粉丝只有我宠，好吧。旁边给我点关注加上粉丝灯牌啊，没点关注，来点个关注，来，XXX，已登记。1号链接，1元秒手表，再送给大家一个手镯，给不给力？给力。来，XXX已登记。1号链接。**（解析：引出镯子，简单介绍，念ID增强停留，顺便引出活动玩法，反复要求关注加灯牌。）**

喜欢我的项链啊，来，有多少人喜欢我的项链，喜欢我的项链的扣项链，项链2999块钱一条啊，18K真金，里面是钨钢的。既然这样，只要给我扣了项链的，来2999送给你，豪不豪横？大套盒啊，来，我念ID，扣了项链的宝贝，来把项链刷起来。我念ID，重新开始念ID啊，只要念了ID刷了项链的宝贝，来，看清楚了啊。3888的手表加上3888手镯，来，加上2999的项链啊。来，我现在开始念ID了啊。扣项链，扣项链，来，中控1号链接再给他加个项链，已登记。XXX，1号链接再给他加个项链，已登记。XXX，1号链接再给他加个项链，已登记。我给力吧？太给力了。**（解析：托儿引出项链，**

三重价值叠加，念 ID 拉停留引出玩法。）

但是我有要求，一定要点我的灯牌。来，教一下大家怎么点关注加灯牌。来，新进来的宝贝，没有点关注的一定点关注，看这里啊，头像这边有一个红色的关注，点下就会变成我们的初级粉丝，变成黄色爱心，再点下，下面就会出现一个加入粉丝灯牌，只需要一个抖币，就可以成为我们的真爱粉。变成这个以后，回到公屏上去扣项链报名，实名制就报名了。**（解析：指导关注加灯牌，话术可照抄。）**

今天我为什么送？我不是白送。首先我跟大家讲，我也不是人傻钱多啊，我只送粉丝，所以你要点灯牌加我们的粉丝灯牌；第二点，我跟大家讲一下，首先全球 4000 家专柜，欧时力的品牌，大套盒，这个套盒 1 万块钱，我今天送 200 单，200 单就相当于 200 万了。我就一个目的，就是要涨粉，就是要加关注。我的好闺蜜，我穿同一条裤子长大的好闺蜜，人家现在已经 100 万粉丝了，直播间在线 1 万人，我现在才 8 万粉丝，我心里不平衡。所以把关注点上，今天在直播间陪着我的宝贝，我来宠你们好吧。**（解析：人设打造，为什么今天送。）**

我就这么跟大家讲，首先点一点，很多人说，哎哟，哪有时间在我直播间抢，抢得费劲。我就问他一个问题：1 万块钱东西，你在其他直播间是不是都得花钱？只要在我的直播间，是我在给你送钱，我在给大家省钱；第二个问题，任何时候，你在任何地方上班，除了每天的死工资之外，老板会每天给你发一个 1 万块钱的红包吗？不会吧。今天我就是来涨粉的，我今天 200 万在直播间，我就砸下去，我就不信我这个粉丝涨不起来，所以把关注点上。今天在我的直播间，我总共送 200 单，直播间现在多少人？9 个人，对不对，9 个人抢 200

单,你抢不到吗?抢不到就一个原因,在我的直播间,你待的时间不够久啊。

(解析:解决黑粉说我们是假的,说抢不到的问题,抢不到是因为你待得不够久。)

来,我再跟大家讲一下,首先第一点啊,总共是200单,一会儿抢到的宝贝,一定要扣三遍抢到了,一定要扣三遍抢到了,左上角给大家发了福袋,大家可以去抢下福袋。领了福袋的宝贝在直播间等着,等会福袋开奖的时候,哪个如果退出直播间,再进来就不算了。来,1号链接,一直在给大家弹链接啊。来,1号链接反复弹,来,没点关注的先点一下关注。**(解析:抢到了,引导二次互动;三遍抢到了,登记包邮。福袋拉停留,弹链接增加曝光。)**

来,我再悄悄地跟大家讲个小秘诀。怎么秒啊?我们后台是默认互动最高的人,就是扣1号扣得最多的人。扣1号扣得最多的人,优先是给你弹链接,粉丝灯牌是优先给你弹链接的,所以一定要先点关注加灯牌啊。**(解析:引导互动加灯牌,可照抄。)**

所以今天,我这两个东西,给我点了关注卡了灯牌,屏幕下方扣了一号的宝贝,我今天给你们送,我豪横吗?豪横吧,然后再一个给你们保质量,很多人说:哎哟,这个卡你拿正品给我就好啦,你到时候给我发一个高仿就好了。来,宝贝,我要证明我给你们送的东西就是正品,不是高仿。来看清楚啊!

所有的大牌奢侈品,劳力士的水鬼知道吧,一块表50几万,它用的表带材质是什么?是钨钢,我们这个也是钨钢,普通的表给你用合金,给你用铁,给你用铜,给你用银,我给你用真正的高货的钨钢。来,再看表盘,表盘的地方给你们做的全部都是瑞士进口机芯,不要太好看,瑞士进口机芯,内里全部都是姆贝。来,这种光泽度啊,这个在1号链接给大家1元秒掉,好吧。来谢谢大家支持！

来，今天在直播间1号链接，1号链接有表有手镯，扣了项链的宝贝，这条项链再给你们加上，我给不给力？给力。2999一条啊，我跟大家讲啊，首先第一点，这个项链是三个环的路头，18K真金，里面全部都是钨钢，国际大牌。四种戴法，第一种，你可以像我一样简约款就戴一个；第二种，你可以戴两个；第三种，你可以戴三个；第四种，取下来你还可以当尾戒带。今天是粉丝的，我还把链子给你们，给不给力？给力。2999。**（解析：产品增值再送项链、简单介绍产品、介绍带法。）**

来倒数五秒钟啊，一会儿倒数五的时候，你们就开始疯狂地刷新购物车1号链接。你们看，我的手机现在这个画面跟我现在的实时画面啊，给你看一下，我手机的画面跟我现在实时画面是不对等的，你们有十秒钟的延时啊。等会儿抢到了，记得要扣三遍抢到了啊。来准备好手速，送粉丝的，我今天就这么豪横，就这么给力。来倒数，准备刷新链接，准备去抢啊，来，倒数十个数。十、九、八、七、六、五、四、三、二、一。来啊，链接，没抢到三遍抢到了扣起来，没抢到的扣没抢到。超过十个人扣没抢到，我再送一拨。超过十个人没抢到，我再送一拨。**（解析：引导刷屏，增加购物车曝光点击，最后铺垫没抢到返场。）**

以上的话术，在表达方式上会更注重和粉丝用户的互动，产生连接感，让用户和粉丝觉得"主播在和我对话"，来提高他们的停留时间。

注意：话术可以参考，但不是绝对的，话术也会随着平台机制的更新、算法的更新被淘汰，或不适用。我们需要根据平台的具体情况和自己的产品以及活动设计来制定属于自己的话术，给用户足够的诱惑力，用以驱动用户心甘情愿地听我们的指令。

第六节　增加用户黏性和下单频率

一、如何快速突破 20 人在线

新手在刚开始直播时，最难的是不知道如何突破 0~20 人的实时在线，也就是直播间的初级流量池。很多人一开播根本就没有人，或者直播了很久，感觉费老大劲儿了才几个人，心态就崩了。

下面为你分享如何突破 20 人在线，后面的内容会讲如何突破 100 人、突破 1000 人、突破 10000 人。今天咱们先把最入门最有价值的方式进行分享，总结为三种方式：

（一）坚持每天发产品相关的视频

记住，如果是服装，尽量避免发大长腿高颜值的视频，因为吸引来的基本都是男性色粉。要专心地去拍好产品，精准定位产品的目标用户，可以尝试将主播在直播间讲用户痛点及产品能给以美好期待的片段做切片处理，然后用DOU+批量投放测试。找出完播及点击购买数据最好的几条视频，作为爆款视频，长期投放引流，从而把喜欢这个产品的精准用户吸引到直播间，转化成交。要切记坚持多发，让用户也形成习惯经常去看。

（二）用福利品暴力拉升

类似 1 元秒杀、0 元包邮。在做突破 20 人实时在线的事情上，分为付费和免费两个方法，免费的相对慢一点，付费的会快一些。

那么免费的怎么做呢？把产品的利润让出来，甚至做亏损状态。前期把直播间的人数、粉丝拉起来。比如说送大家福利、1 元秒杀，把产品更多地回馈给粉丝，给直播间加热。例如：这个XX牌钢笔，我今天1元送给大家，想要的，来在屏幕上打要，我看有多少人想要，想要的越多我就送得越多，而且统统1元包邮送到家。持续地提高用户停留时长，在这个过程中，人气会随着新进来的人越来越多，再加上原来在直播间留存的人数，就会快速地突破冷启动。

（三）尽量保证产品每天都有一些调整

让老粉丝和经常购买的人群反复来到直播间，让他们看到还有别的选择。这些就是免费相对慢一些的打法，但肯定是有效的。

付费手段，通过随心推以及千川，都可以让直播间的人气和直播间的流量层级快速拉升起来。

在前期可以少花钱多做事情，无论是突破实时在线人数，还是去打磨直播间的"人货场"，付费可以节省更多的时间，有更多的数据参考，花少量的钱测试直播的质量，有时候拿钱去换时间是非常好的选择。

二、掌握影响力呈现的本质

在直播过程中，主播如何让用户更多地停留在直播间，又如何更好地引导用户下单呢？这里提供三点给大家作参考。

（一）主播和产品的调性要相吻合

调性，怎么理解？举个例子你就明白了：我的产品都是偏甜美风的，那么相应产品对应的消费群体，肯定都是年纪小一些的甜美可爱的小姐姐，这时候我的主播刚好也是这个类型的，那么整个画面就会很和谐；如果我的主播是熟女风的姐姐，那么这就叫不吻合了。又或者我卖农产品，最优选择肯定是形象老实，一看就像务农的人会更有信任感；如果我选择一个时髦靓丽的小姐姐，那么这就叫调性不吻合。

（二）主播的状态要有亲和力

主播一定要非常有亲和力，无论是妆容、着装、形象还是声音，情绪要有起伏，还要有略微夸张但不做作的动作，在可展示的范围内，尽可能地去吸引粉丝，让他进行互动。

（三）多做声音的练习

传递的声音要做到语言流畅和语调上起伏，说话不要跟念书一样"一二三四五六七八"，不仅不自然，而且会让用户感到疲劳，味同嚼蜡。

那么，应该怎么样呢？"来，一二三四、五六七八"，这样有起承转合、有重点地去表达、展示产品。包括互动话术的时候，也一定要有情感地表达，无论是音量上还是语调上，都要让粉丝和观众感受到不同的情绪。

主播根据每一个品、每一个类目，包括产品的价格和属性、用途把话术脚本写好之后，把脚本练到有情感地说出来。把这些表达好之后，主播的影响力自然就提升了。

三、成熟主播的状态和素质

刚刚讲了直播间怎么快速突破 20 人在线，以及主播影响力的培养，但这还远远不够。一个成熟的主播必须拥有自己独特的个人风格。那么，具体应该怎么做呢？给你以下几点建议：

（一）主播的独特记忆点

首先要固定直播的时间段，比如每天早上 7 点或者每天晚上 8 点，找到你的产品类目最合适的直播时间，然后让主播在每天固定时间去直播。

其次，给予固定的记忆点、固定的超级符号，来强化用户的记忆，打造个人 IP。比如我的内容：我会穿有一个公司 logo 的 T 恤，然后是标准的长袖和黑裤子，每次视频和直播里，我都会以这身形象出镜。

一定要根据自己的产品和类目去制定，表达出亲和力或者专业度，固定自己的特色，并且坚持每天练习，以熟练话术和技巧。

（二）主播的综合素质

素质，包括产品专业能力、语言组织能力、回答问题的技巧和稳定的心理素质。这些可以在面试的时候筛选，也可以通过后期练习来培养。

主播最核心的素质，是要掌握直播的技巧和偏运营的思维。这些对主播来讲是非常重要的。

（三）学会四个坚持

坚持嘴甜、坚持主动、坚持学习、坚持感恩。主播一定要牢记在直播的过程中，与粉丝之间要保持紧密的互动，主播在表现出专业度的同时，一定不要丢掉亲和力。要让用户感觉到，是真的在获得优惠福利和超性价比的产品，并且可以在直播间得到他想要的共鸣或者快乐。

四、主播如何把控状态和节奏

首先，主播的状态要具备感染力、引导力、控场力和转化力，这是基本的理论。没有感染力和引导力，用户是不会产生停留的，干瘪无趣的直播间会让人感到乏味；没有场控能力，就不能跟着直播间的实时变动做出及时的调整，会导致流量的浪费，使直播的流程没有逻辑、没有目的性；没有转化力，那么一切都白搭，毕竟我们的目的就是卖货赚钱。

那么，主播在实际直播中，要怎么去把控状态和节奏呢？接下来为你分享我们一路走过来的一些经验。

（一）开播抽奖，福利留人

三分钟引导关注，穿插回答粉丝的问题，尤其是在实时在线人数不多的情况下，主播可以慢下来去念一下粉丝的 ID 名字。比如说"哎，某某宝宝欢迎你，我看到你了"，解答粉丝的提问。当实时在线人数超过 100 人的时候，主播可以不去回答。

这部分内容主要是想把案例、实操和练习的方法分享出来，希望在知道底层逻辑的同时可以反复练习。

（二）每三分钟拉互动

好的习惯要重复练习，开场调动气氛。举个例子：一开场可以先不去卖货，可以说"欢迎新进来的宝宝，新来的宝宝给主播点点关注，来，喜欢主播这件 T 恤的，给主播扣个 1"。（先把直播间的互动拉起来。）"喜欢主播的给主播点点关注，给主播点点赞。想要这款王炸福利的给主播扣个 6。好吧，扣的人越多，我就给大家上更多的福利，王炸。"（这种状态在前期的时候要反复练习、反复使用，结合直播间实时在线的人数调整话术。）

（三）人气高峰卖爆款和利润款

当人气达到峰值后（需要主播自己有一个很好的流量把握感，能知道哪个流量是高峰，这需要一定的经验），上我们的爆款做承接，紧跟着上利润款。

（四）人气掉了，上福利款或者秒杀款

一定要根据直播间的实时流量情况，上不同的产品。当流量承接不理想的时候，就要用福利款或者秒杀款去拉留存，把人气再带上来。

直播间的情况是实时变化的，我们的直播脚本是为了让我们随时能知道自己要做什么，但并不是死板地照着直播脚本去过款，所以一定要灵活。

五、助播如何与主播配合助力直播间

助播如何配合主播助力直播间？我给大家讲一下助播这个角色，如何在直播的过程中，配合主播把销售额拉高。一共有五点以供参考：

（一）在直播前配合主播把选品准备好，把脚本、互动环节提前进行练习，然后再准备好本场直播的服装和化妆。

（二）直播过程中配合主播。比如，在主播离开直播间或者主播出现情况时及时补位，包括回答粉丝的问题、讲解产品，都需要助播在基本的操作方面一定要跟得上。

（三）身材和主播相互补。比如，主播是很柔和型的，那么助播一定要有互补。

（四）配合促单这个环节是最重要的。提高转化的逼单环节，两个人要像说相声一样，有捧哏的和逗哏的。主播在直播的过程中需要掌握节奏，在多品类直播的时候，助播无论是递品还是递话都要跟得上。举个例子："今天，我9.9元10个送给大家。"这个时候主播把话说完了，助播该怎么接过来呢？助播可以直接说："好，大家秒拍秒付，我们只有10单，买完就没有了，买到就是赚到。买到的我们今天顺丰包邮。我们现在还有3单，只有3单啦！"不断地把下单的情况推送给粉丝。一定要把节奏接起来，把直播间的节奏烘托起来。

（五）准备道具。比如助播在直播的过程中准备一个小秒表，每次主播说完产品，介绍产品和价格的时候，助播在逼单的过程中可以拿秒表用来计时，增加紧迫感。

六、制作引流短视频拉爆直播间

很多直播间的产品其实非常好，可以拍一些产品的短视频用来引爆和加热直播间，那么怎么拍出好的引流视频就至关重要了。除了可以发在每天的日常更新账号中，也可以在直播的过程中，每半个小时发一次，把喜欢这个产品的用户人群精准地引流到直播间。

下面跟大家分享一下拍引流视频的几个注意事项：

（一）涉及的设备

拍摄设备其实有一部手机就可以了。如果产品需要好的收音效果，可以再配一个小蜜蜂麦克风，能起到很好的收音效果，过滤掉不必要的杂音。灯、地毯、配饰再到剪辑电脑、工作台，这些都是非常基础的。已经有过直播经验的朋友，可以看一下后面的方法；如果没有，可以把这些设备记一下，然后自己去采购。

（二）素材的储备

视频素材，平时可以多记录一些自己的供应链、品牌、产品的相关素材。比如，混剪的素材、同行优秀的视频素材作为储备，用来建立自己的素材库。这样，想去制作视频的时候，我们就会有大量的素材可以直接拿来使用和参考。

（三）视频结构的策划

第一个，黄金3秒法则。这是一个非常有用的技巧，在抖音这样一个短视频平台，前3秒是用户能否持续把视频看完，进行点赞、收藏，甚至进入直播间的关键时间。当然，现在的黄金3秒甚至已经缩短到0.3秒，所以开头至关重要。

第二个，讲一下剪辑的技巧。咱们可以剪辑7~10秒的效果对比展示。举个例子，当要拍产品视频的时候，一定要在使用前和使用后做一个10秒的视频进行对比，这对引爆直播间是非常有效的，因为这样产品效果会一目了然地出现在粉丝和用户面前。

第三个，内容结构，也是最重要的一点。抖音的本质是一个内容平台，不同品类的产品，其视频结构都不一样，需要我们花精力去测试。每个直播视频最好都要有超强的口播能力。

我们可以简明扼要且有气势地告知今天直播某某产品有多大的福利，也可以通过对用户痛点的挖掘和美好期待进行描述，配合形象的卖点展示动作，让用户直接感受到这个产品很好。不过在整体环境下还存在一些不容乐观的现象，比如有的主播甚至使用"卖惨"或擦边的方式拍一些视频，比如"因为 XX 原因产品滞销，濒临破产，现在清仓处理"之类的。虽然销售成绩立竿见影，但从诚信和道德的角度，我们并不提倡这么做。

视频结构有很多，我们可以多测试，找到最适合自己的，然后批量 DOU+ 投放。根据完播率、点击率、转化率进行分析，找出好的爆款视频，进行长期投放，对直播间引流。

第四个，一定注意不要在视频中出现品牌 logo 和车标，另外混剪的时候，抖音其他人的视频素材一定要慎用，尽量用自己收集的素材、自己拍摄的产品，通过视频给直播间加热。

掌握了以上几个章节的内容，并能执行落地的话，那么恭喜，你已经是一个中级主播了。接下来，咱们就可以向着日销百万进军啦！

第四章
进阶百万销售主播

第一节　心态修炼 hold 住更大场面

一、起伏：实时在线 0~1000 人，主播的心态该如何调整

这一节除了讲心态之外，还会给大家讲直播间在线从 0~20、20~100、100~500、500~1000 人该如何制定主播的讲解节奏。看完这一节内容，学会并完全掌握它，那么恭喜你，以后不管多大的流量进来，你都能承接下来并转化它。

有以下几点需要大家注意：

（一）掌握好直播的节奏

0 粉丝坚持开播，稳扎稳打，粉丝就会越来越多，那怎样才可以得到流量呢？

这就要将之前提到过的所有关于主播的话术与排品结合到一起，才能达到这样的效果。

在直播间 0~20 人的时候，需要注重主播与新进来粉丝的实时互动，要与新进来的粉丝进行一对一地互动。每进来一个人就去与他互动一下，拉长这些人在直播间的停留，这是人少时候的处理方案，同时还要把产品价格做到有足够的诱惑力，才能留住现在的粉丝和用户，以及直播广场进来的流量。

当直播间有了 100 人左右的时候，就需要拿出福利款，把流量升高之后，再进行秒杀款和爆款以及利润款的切换。当人气又降到 50 人以下的时候，应该继续拿出福利款，让更多的人参与购买和参与互动。当实时在线从 100 人到了 500 人，甚至到了 1000 人的时候，就应该快速地过品，尽快在两分钟之内把爆款、利润款重复不断地进行售卖。当人气又从 1000 人掉到了几百人时，再不断地用福利款把人气拉上来，如此形成良性循环。

（二）掌握好账号的节奏

首先我们要清楚自己的账号在前、中、后期的流量情况，制定好每个阶段的计划。在直播之前，必须知道本场的投放预算和之前的流量记录，大概在什么时间段、开场多久达到峰值，一定要在直播前制定好主播的话术，和主播交代好流量在每个时间段要去做什么事情。这个一定要跟主播明确。

对主播来讲，也一定要把整个流量在低流量、中流量和高流量这些不同阶段的话术练习好，再去对应不同的互动玩法。这是非常重要的，一定要提前做好准备，让主播熟记于心，这样当流量来的时候，才能承接住。

一定要认真对待每一场开播，直播人数少，状态不好，粉丝没有留下来，就会陷入一个恶性循环，越来越没有人去你的直播间，主播也越来越觉得没有信心，你的货也越卖越少，销量自然也上不去。

（三）掌握好应对意外的处理方式

如果比预期好，人突然来了非常多，应该怎么办？最好开播前就想好应对的方法，主播也要保持好心态，不管流量多还是流量少，都要保持平常心去对待。比预期差、人数突然降下来，也要稳住。因为有可能是大盘流量不好，其他人跟你一样，今天都不行，那就停止直播，马上去复盘。

这三点是偏理论的东西，可能更多地需要大家在实际直播中去发现并不断总结。这里先提前了解一下，以后遇到了再一一对应，去进行复盘。

二、人少：如何面对直播间人少的情况

很多新手直播间经常面对的问题就是直播间人少。如果碰到这种情况，我们该怎么去做优化，才能把流量带动起来呢？这里给大家几点建议：

（一）**添加预热视频。**告知在某个时间段直播，有哪些活动及福利优惠。

（二）**直播间的名称设置。**抖音昵称后面加括号预告每晚几点直播，这个细节很多人都看到过，如果主播把这个细节做到了，对你的账号引流是非常有作用的。不要看这个点不起眼，做好每一个细节，才能做好直播间。

（三）**利用个人主页的签名。**加上直播的时间，包括个人主页的海报，尽量设计得精美一些。

（四）**添加热门话题。**加封面的标题，直播间的门面要好看些，添加相似的话题，获取更多的流量。

（五）**直播期间的视频加热。**在直播的过程中每隔半个小时发一个引流视频，可以是直播间的视频切片，也可以是提前准备好的产品短视频。

（六）**吸引本地流量。**直播间里面有一个开启定位，可以吸引同城流量。

这一点要注意，要根据你所在的城市和你自己的类目去选择是否打开同城流量。

（七）付费快速拉人进直播间。前面六点都是针对免费的玩法，其实最快速拉升直播间人数流量的方法肯定是付费，但是一定要算好投产比，再决定是否加大放量。

在账号前期启动的时候，项目能达到盈利或者是微亏的情况下，推荐大家尽量通过随心推或者千川进行付费加热。现在抖音已经有非常多的团队入场，在前期抢流量的时候，建议大家通过付费的方式在微亏或者是微盈利的情况下快速抢到流量，以提高直播间的权重。

三、怯场：直播间10000人，不敢播了怎么办

在这里，我把它理解为是幸福的烦恼。提前给新手主播自我心理的引导，包括技术的指导，当然每个人都期待直播间实时在线10000人。如果直播间突然达到实时在线10000人，你能承接住吗？这个时候不敢播怎么办？这个时候时候又该怎么播？直播前做好规划，什么时间拉人，什么时间转化，明确自己在什么阶段用对应的话术即可。

首先，实时在线10000人不可能是开场秒到的，肯定是通过一个过程逐步拉升。如果是靠付费的打法瞬间拉到实时在线10000人，可以有针对性地做出对应的策略，从福利款过渡到利润款的快速转化和变现；如果是通过不断积累权重，逐渐推高直播广场的流量达到实时在线10000人，肯定就会知道如何去应对。

其次，给大家一个小技巧，如果主播心态没调整好，可以把人数用贴片贴上。这个不仅适用于实时在线人多的时候，还可以规避主播的紧张心理，也非常适合人少的时候主播会有消极的态度；那么把人数用贴片贴上，让主播不知

道直播间有多少人，这样就可以完全按照自己的脚本去训练，自然地去发挥。

最后说一下，直播间实时在线 10000 人，最容易出现的问题，不是主播不敢播了，而是主播飘了，一定注意不要说违禁词。很多主播在实时在线 10000 人的时候就飘了，张口就来，什么规矩都不遵守，导致直播间流量下降。

四、没信心：直播 3 小时才卖了 100 元，该怎么办

这是 80% 的直播间都会遇到的一种情况，播了一个小时，也有人进来，但就是不成交。这时候要怎么办呢？这里提供三种方式给你参考：

（一）当看的人多、买的人少的时候，就需要在精进话术、精进流程、精进内容、精进专业度、提高成单率、专注加坚持等方面加强练习。有人进直播间的同时，主播要看进来的人是否精准，一定要通过一些方法让人群越来越精准；同时也要去看，进来这么多人是不是因为品不行、是不是因为直播话术不行，有时候没有转化，也可能是因为产品的价格不太符合市场的预期，接下来要逐一排查优化。

（二）当直播间看客永远多于买家的时候，不要畏惧观众的拒绝。拒绝只是延迟成交的时间。每天直播后复盘，增强直播经验，直播间肯定是看热闹的要比买东西的多，要做的就是留住那些买我们产品的人，价值塑造一定要打动这些买家的心理，价格设计也要达到观众期望的样子。所以，产品价格设计的环节上非常重要。

（三）要习惯通过复盘找问题。直播间三个小时卖了一百元，是人多但是转化低，还是没人看，还是品的问题，还是流量的问题。通过总结调整再继续，当直播间几个小时只卖了几百元，或者说销量不好，一定要针对性地总结问题，然后针对不同的问题，根据之前内容里学到的知识进行实践操作，这样才能使直播间在固定的时间内收益最大化，从而把销售额拉上去。

五、单一：主播只卖秒杀品不敢卖其他款，该怎么办

很多新手直播间，只敢卖一个福利款，卖的时候大家都在抢，一换成利润款，人气就掉得很厉害，没什么人买和互动，这时候主播就不知道怎么办了。这里就把这个问题进行拆解，让你在实操的时候能够熟悉地掌握不同品的切换方法，流量承接上做到更加完美。

（一）是不是心理紧张，不自信

有的主播只敢卖大牌低价的货，一旦卖自己的产品，担心没有那么多人知道，价格又是市场平均水平，导致在心理上觉得这个东西不好卖。这时候就要调整心态，在保证产品本身没有任何问题的情况下，主播要把它最好的优势表达清楚，要有足够的自信。

（二）是不是排品不符合用户心理

为什么上福利款很多人抢，一上利润款人气就立马下降，这种情况对主播的心理会造成非常大的影响。

我们就要看看排品是否符合用户心理。比如一款 19 块钱的福利款产品，播完之后，马上上一个 1000 块的，这对用户来说，肯定是接受不了的。产品的价格上升一定是呈区间阶梯式的，从 19 元到 39 元到 99 元到 199 元再到 500 元左右，一定是有阶梯过程的，这个过程就是产品策略。一定不能 19 块钱的产品过去以后，马上上 1000 块钱的产品，因为这时候你的用户不是精准的，肯定会被吓跑。

（三）是不是产品之间没有关联性

用户只把当前产品买了，对后面的产品并没有兴趣。这种情况就和我们组

品相关了，比如我先卖的 T 恤，那么我会根据 T 恤搭配合适的裤子、外套甚至帽子，让用户觉得一整套都很好看，这样我们就能很自然很顺利地过渡到下一款产品上面。

（四）是不是过款话术太干瘪

比如直播间突然到了 1000 人，那么我们过款说给大家看下一款产品吗？这样肯定不行。这种情况下，我们可以说："今天咱们家人们这么支持，都已经 1000 人了，我决定提前把我们的王炸福利款请出来，让你们都能得到超值的优惠。这个按摩仪咱们人人都用得着，有没有想要的宝宝，想要的给我扣 1，扣的 1 越多，咱们今天优惠越大，有多少个 1，咱们今天就上多少库存，不玩虚的。"

（五）是不是品不合适

看产品是否符合当前用户群体，是否是当下必需品，是否比同类产品价钱更高等因素，如果不符合就赶紧换。

做到以上这些，就能最大程度避免在过款的时候产生用户流失。

本篇结尾，有一个最关键的逻辑性思维告诉大家。当流量进来的时候，要通过福利款和秒杀款把流量留在直播间，进行付费的转化和承接。这些流量可能已经买了福利款或者爆款，对直播间已经有了一定的信任，这时候要一点点地提升产品的价格，让用户阶梯式地购买，新进来的流量用户就会好奇这个直播间到底卖什么。

成交越多，流量就会越多。随着转化率降低、销售额降低，进来的流量也会越来越少。这时候，一定要拿一些更有吸引力的产品去把人留住，把更多的人引进来，把直播间的销售额和人气提升起来。

第二节　如何通过选品排品引爆直播

你知道选品排品的重要性吗？

你相信仅仅通过选品排品的调整，就能让一个一天只卖几千的直播间，仅仅 5 天后就突破日销 20 万，半个月不到的时间单日直接破 100 万吗？你相信吗，想知道是怎么做到的吗？

这个案例非常有参考价值，是一位有 250w 粉丝的短视频达人转直播带货，2020 年 11 月底开始直播，一直不温不火，一场只能卖三五千块。

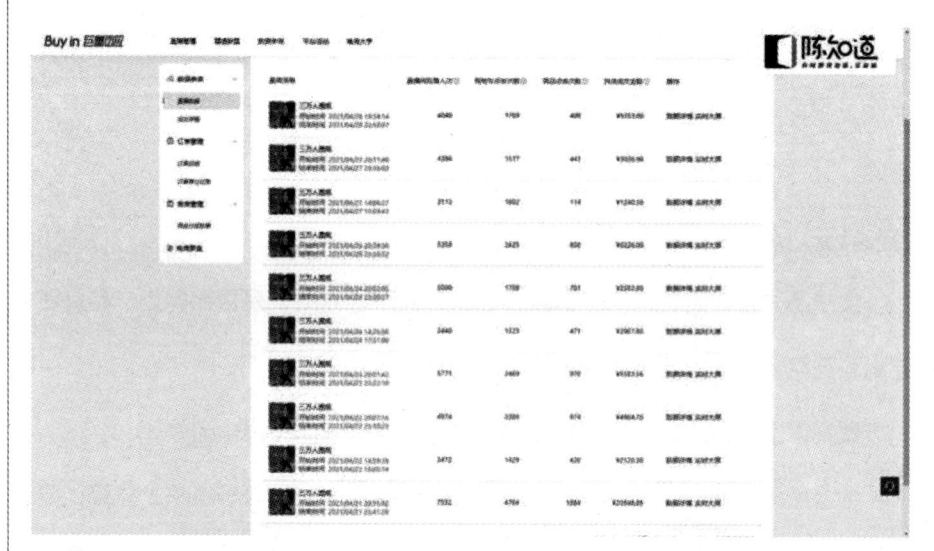

图片来源：巨量百应（截取时间：2021 年 5 月 21 日）

后来通过我们代运营+投放，接手第 5 天，突破 20 万 GMV。

不到半个月的时间，在 5 月 19 日就突破了 100 万的 GMV，并且现在销量稳定。

图片来源：汝峙直播（截取时间：2021 年 5 月 21 日）

接手这个账号后，我们先跟播了两场，给账号做了初步诊断。这个账号不是垂直电商领域的达人号，虽然有250万粉丝，但是粉丝都比较泛，不精准，好在24~40岁女性粉丝群体居多，所以主播选择的是多品类组合的女性用产品。

当然也是因为主播之前在短视频领域积累起来的经验，所以在镜头前的表现力、感染力以及演技都挺不错。同时，达人主播不会去深入了解产品、了解消费者，包括慢悠悠的性格和抖音带货直播的平台特性不符合，产品讲解也是慢悠悠的，这一系列问题都是导致前期账号销售额不高的原因。

问题已经明确了，我们接下来就做相应的调整。

首先，让主播熟悉产品，加快我们的直播节奏。改变一个人的固有认知是非常难的过程，这个需要花一定的时间和精力，值得欣慰的是主播的底气特别足，对自己卖的产品特别自信，敢于在直播间向用户承诺，这一块完全弥补了他在产品介绍上的短板。这也是一个很好的案例值得大家学习，就是一定要有自信，要敢于承诺。

其次，货品端是我们着重去抓的，因为达人没有自己的供应链，我们把点击率不高、客户反应不好的产品统统不要了，然后去找了一些高性价比的产品，9.9元的口红、16.9元的贵妇膏组合、19.9元5盒的香皂液、9.9元的护发膜、9.9元的定妆喷雾等作为福利款，占比50%。因为单一的福利款，现在拉在线用户会有上限瓶颈，可能他对你这个福利款不感兴趣，或者已经买了，那他就流失了。如果福利款足够多，而且足够吸引人的话，就可以抓住客户贪便宜的心理，源源不断地提升整个直播间的留存和成交密度，从而快速拉高在线人数。

然后在50~100元的区间，我们选择了59.9元的气垫BB霜、92.3元的洗护套装和精华油等爆款做承接，占比35%，薄利多销；100~400元之间的利润款，我们选了5款，占比15%，用以提升整体的利润率和ROI。

货品解决之后，还有最关键的一个大问题。原有账号的流量里，关注占比每场都高达65%，这个问题我们是通过两位FEED年消耗过千万的精英解决的，通过付费把自然流量激活，具体操作过程，这里用文字描述不清楚，有需要了解投放事宜的可以咨询我们客服。

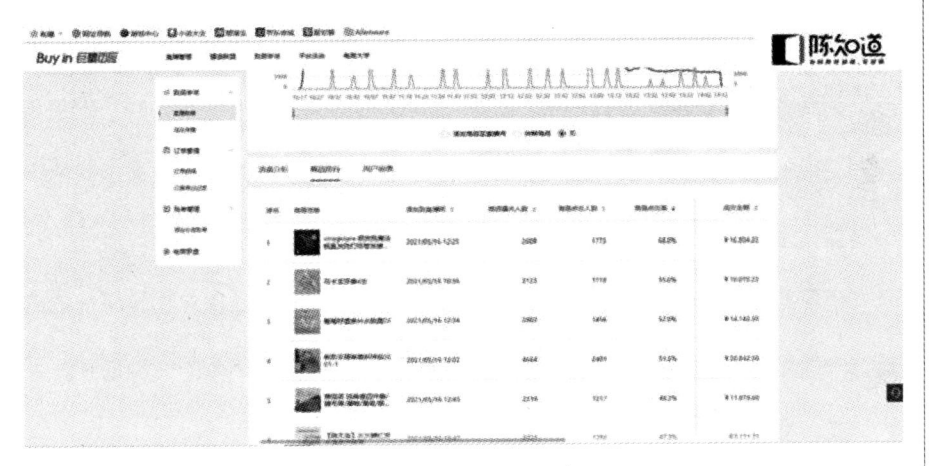

图片来源：巨量百应（截取时间：2021年5月21日）

接下来，我们讲一讲产品端，让你更好地理解产品和流量的关系。很多新手团队不知道如何选品，也不知道如何通过直播过程中的排品去拉爆直播间的流量。下面就讲解直播间应该如何进行选品和每一个产品的具体作用及使用时机。

一、直播选品四大策略

新手直播间建议每场选3~10个品进行带货，成熟直播间建议选30个左右的品进行带货。产品的排序上，价格一定要从低到高，比如第一个品是9.9元，第二个是19.9元，第三个是29.9元，以此类推。

直播间产品分类主要有四类。

秒杀款：用极低的价格、极高的价值来增加和留住直播间的流量，秒杀款是不赚钱甚至亏钱的，主要作用就是引流，可以是和福利款、利润款不同类目但与用户又相关联的产品，比如主卖衣服，就可以用项链做引流。

福利款：宠老粉、留新粉，往往是爆款产品，但是价格比市场价要低很多，库存不会放太多，主要用来引爆直播间的热度，让粉丝用户积极抢购，增加直播间权重。

利润款：真正用来赚钱的货，在直播间人气达到一定峰值的时候拿出来售卖，一般放在秒杀款、福利款后面。在利润款里，我们可以通过数据运营筛选出爆款，进场单品拉爆，降低生产成本，扩大利润。

搭配款：建议使用套装的形式，数量上看起来很多，给用户物超所值的感觉，一般包装看起来很豪华，激发用户购买欲望，属于利润款的一种形式。

二、福利款如何选品

在直播间产品的品类当中，福利款是非常重要的。那么，福利款是用来干什么的呢？福利款就是把新老粉丝都圈在直播间里边，把他们的停留时长拉长，从而让一些精准的用户留在直播间，拉高实时在线的同时，进行消费的转化。说直白点儿，福利款就是用来留人的。

那么福利款该如何选择呢？给你两个方案：

（一）流量大，认知度高

可以使用一些品牌的产品或者网红款作为福利款。也就是说，福利款最好的方式就是大牌低价，不用量很大，哪怕有一两个货、一两个名额，订单不用全放，比如说，拿一个100块钱的东西10块钱送给大家，把大家留住。

（二）别的直播间已经火了的产品

如果说没有大牌，价格资源也不知道到底哪个好，给你一个建议，去第三方的数据平台找近期的爆款，别的直播间卖得好的品，通过精选联盟也好，供应链资源也好，把这种品拿过来，进行降价出售，这样就可以省去测福利款的时间。

记住这两点，可以快速地找到福利款，达到留人的效果。

三、利润款如何选品

直播间所有的利润都来源于我们的利润款，它也是决定我们一场直播是否能赚钱，能赚多少钱的核心产品，其重要性不言而喻。

那么，利润款该如何选择，又具备哪些特质呢？给你以下几个参考：

（一）非标品

定位最好选择非标品。什么是非标品，就是容易溢价的。比如，拿一件连衣裙，可能因为材质、设计不同，也没有固定的标准，有的商家卖 50 元，有的卖 500 元，这就是非标品。还有哪些是非标品呢？像书画珠宝这些文化类的产品，因为无法对它进行标准估价。

这类产品利润大都在 50% 以上，所以在选择利润款的时候，尽量选择这样的，要在产品的价格设定上把利润空间留足。

（二）促销产品毛利大

买一送多不亏钱。比如，一款产品 9.9 元，为了增加 GMV、增加销售额，可以 9.9 元一个、19.9 元三个、39.9 元十个，扣去快递费的话，还是有的赚，而且可以拉高 GMV。

（三）有畅销潜质

分享一个额外的技巧，就是如何测试新品，不管是非标品还是组织促销活动，这样的模式总要更新，怎样去定义这个品可以作为利润款，这个事情是谁来支持？除了之前讲到的去看别的直播间之外，我们自己可以去测试这个品到底值不值得花大量的流量去推，小技巧就是测品的方法。

当场直播的时候，有正常的福利款和利润款等。这时候上一个链接放在小黄车的第三个位置，不一定卖，看一下当场一个小时内这个产品的点击次数，就可以看出它的受欢迎程度。如果说在同样的流量、同样的时间段下，某款产品就是比另一款的点击率高，就可以在下一场的时候把这款产品拿出来，作为利润款。

四、搭配款如何选品

在直播的脚本策划中，搭配款主要的作用是让粉丝觉得直播间物超所值，性价比极高，赢得他们的信任，同时通过一些搭配，可以拉升 GMV。

什么叫搭配款，搭配款又具备哪些特质？

首先量大超值，看起来很划算。比如海鲜这个类目很多，能看到有些直播或者短视频在海边儿有一个船，一个大的白箱子，往里装很多海鲜，只需 99 元。还有零食，比如三只松鼠，一大袋子，30 袋小零食，一打开往桌子上一放，量很大。还有一些水果、食品，这些类目都是这么玩的。

当然也可以用化妆品，也是很有优势的，一个大礼盒，一瓶瓶地拿上来。举个例子："这瓶水乳想要的扣 1。今天直播间福利全部送给大家，买一瓶送一瓶。"一共送了可能十几瓶，再送一堆小样，很多国内的白牌化妆品是完全可以做到这个程度的。像其他类目，可以根据自己的成本和类目不同的特点去包装自己的搭配款。

搭配款最好用的销售方法就是出售套盒，无论是化妆品还是什么，都在做这样的套盒，目的就是让直播间充满这种信任感，充满福利感，满满的物超所值的感觉。一定要在搭配上下一些功夫，在前期多做一些产品的包装，还有品牌的福利。比如，在录视频的时候，给大家发放一些私货，在拍引流视频的时候，在桌上放一个箱子，说今天老板给大家放些福利，一到两三袋，想要的来我直播间，数量有限。这样做一定可以给你的直播间引来很多精准的流量。

五、爆款如何选品

现在抖音直播间最好用的方式就是打爆款策略，一个好的爆款自带流量，可以拯救一个直播间。

那么，爆款产品应该具备哪些特质呢？给你几个参考：

（一）应季产品

因为这是大家目前需要的，一定要卖客户喜欢和想要的，解决他的痛点。比如说夏天，防晒喷雾，还有冰袖，都是非常应季的。一年四季，针对不同城市、不同节气，出售一些应季的产品，比如冬天的自嗨锅、春秋的丝巾，只要是应季的产品都是爆款必备的点。

（二）易转化

低价产品对打其他平台，以价格取胜。什么叫易转化？就是在别的平台已经卖得很好的产品，把它拿过来做降价处理，就可以做成爆款，当然不能亏钱卖。

（三）复购率高

比如生活用品，像垃圾袋、保鲜袋、纸巾还有消耗品，这些都具备成为爆款的底层逻辑。这些产品放到直播间之前做一个数据调研，去第三方数据平台看一下本月、本周最近卖得好的是什么。

（四）利润率高于 60%

这是选择爆款的核心点，一定要有大量的利润空间。因为可以拿着利润去买流量，利润空间越大，买流量的费用就越多，高利润让买流量的力度更大。

六、品牌折扣如何选品

在讲这块内容之前，先讲另一件事情——为什么直播间要去播一些品牌的货。因为无论是新直播间还是老直播间，新粉丝或老粉丝看到直播间在跟大品牌合作。对于直播间和主播的信任度都会有提升，名气也会有大大提升，这一块内容也非常适合个人主播。

很多大主播、一线主播有机会就都会去蹭品牌的知名度，让自己直播间的粉丝对主播有更多的信任。如果有条件，建议个人主播多去找一些这样的品牌折扣。哪怕自己亏一点，也要先把品牌的合作建立起来，把自己的 IP 和形象建立起来。

品牌合作到底怎么选呢？

（一）大品牌

公认的出名的牌子才算品牌，即有一定范围影响力的，而不是说随便拿一个牌子，有个 logo 就叫大牌。大品牌一定是大众所认知，是世界五百强或者是日常消费和生活当中常见的一些品牌。

（二）优惠折扣力度大

大品牌折扣优惠比白牌的品牌低价更有吸引力。这句话是什么意思呢？就是说去拿这些大牌，做到的价格比白牌的价格还要低或者一样，大家肯定就会直接从直播间购买这样的产品。

刚才提过品牌专场，如果有资源，我们可以做品牌专场，只带品牌货，销量肯定是不一样的。像李宁和安踏的销量是非常高的，如果有机会，也可以去尝试做一下。直播的背景就是工厂、仓库或者公司，再或者是有品牌的公司，借品牌的 logo 墙作为背景直接做直播。

直播间的选品肯定是根据自己供应链和品牌，包括个人主播自己的情况去拟订的。你可以把所有的课作为综合的总结，应用到自己直播间的选品策略当中，学习后一定要去实操，要多去练习。无论品牌也好，爆款也好，搭配也好，都尝试着去做这样的组合，这就相当于留给你一个练习作业。

第三节　经典直播话术与互动技巧

一、五大类场景常见表达话术

这里主要分享一下在直播过程中常见的几大类话术。在此基础上，大家根据自己的货品和活动策划进行调整和补充。

在直播的过程中，所有的话术既不能太快，也不能太慢，要恰到好处地结合整个直播间的流量进行，这个没有绝对标准，一定要结合自己的"人货场"。我们提供的所有文案，一定要结合自己直播间的情况，进行快和慢的调整。

（一）开场话术

开场一般会告知用户咱们本场的活动和福利有哪些，以及想参加我们活动需要满足哪些条件，一般会设置一些互动的条件，如关注加粉丝团什么的。比如："咱们新来抖爸爸平台，只为涨粉不为赚钱。今天直播间给大家带来了 200 单 1 万块的大套盒，来自意大利的欧时力的轻奢女腕表，加手镯加项链直接 1 元给大家秒，200 单！200 单啊，来，我跟大家讲怎么秒啊，点关注加灯牌之后，屏幕下方刷1号报名，头像旁边点了关注之后，去旁边加下粉丝灯牌。带了灯牌的宝贝，给我点1号链接，1元给大家去秒啊。来，有多少人刷了1号报名，我就给大家送多少单！"

（二）互动吸粉话术

互动加粉都是为了完成互动率和转粉率两个指标，增加直播间权重，每个类目的指标不一样，肯定越高越好。互动的话术一定要设置互动的驱动力，就是站在用户的角度思考，用户为什么要跟你互动，跟你互动他能得到什么好处？比如："抢到了的宝宝回来扣三遍抢到，我们会在评论里随机截屏抽取一位姐妹，赠送她免单福利。""抢到了的姐妹记得回来给主播点个关注，加个粉丝团。凡是给主播点了关注加了粉丝团的，我们额外赠送大家七天无理由退货服务。如果你还给主播点亮了粉丝灯牌，主播再送你们一份运费险，如果收到货不喜欢，您直接退回来，而且不需要您花一分钱！"

（三）促进成单话术

所有销售的目的都是为了成交，最通用的成交手段就是限时、限量，简单且好用。比如："大家抓紧付款，还有最后5单啦，咱们今天因为是亏本给大家送福利，一共只有30单，啊，还有最后3单啦，错过了今天我们就恢复原价了，你们明天再来看，咱们这个肯定就是129元一件了。大家抓紧时间，不要添加购物车，直接下单付款，不然就没了。"

最后给大家一个彩蛋，就是我们一定都会遇到突发事件，比如主播说错话应该怎么应对呢？

首先只要不说违禁词就还好，当然说了可能也不会被封直播间，但是一定不要再说，一定不要触碰平台红线。说错之后马上承认错误，比如说"哎呀，说错了"，马上接上正确的，流量是不掉的，是没有问题的。一定要用礼貌用语，感谢关注，及时地回复粉丝。

当然有一种精心设计的口误，是可以用的。就是在价格设计上，可以把口误环节设计在脚本当中。业内常见的一些案例，虽然不是很道德，但对于成交的效果很好，主要是利用了人们爱占小便宜的心理。比如这款产品，19.9元给大家上链接，这时候助播会说，这个是 29.9 元（其实这是精心设计的一个环节），主播就可以说，这价格已经说了呀，这个时候就问粉丝，粉丝有没有想要的，想要的我今天就是亏钱也给大家送这个福利，所有的成本主播来承担啊。这里就是故意把这个环节设置进去，这样也是没问题的，还会起到一个非常好的效果。

以上是一个大致的框架，先为你梳理一遍，后面的内容会对每一个环节、每一个场景的话术作详细的讲解，让你了解到底还有哪些话术可以说，还有哪些万能的话术可以用。

二、直播间互动技巧如何设置

很多新手直播间不知道在直播的过程中用什么样的方式留住粉丝、留住用户，从而让他们在直播间下单。这里跟大家分享五个非常有效的方法：

（一）扣字互动

让用户在直播间听主播讲解产品的同时，进行一些互动，让用户停留的时间更长，扣字这个行为就是一个非常有效的方法。具体怎么操作呢？

举个例子："想要王炸福利的宝宝们请扣 6 啊，有多少人扣 6，我就给大家上几款。"还有就是，在直播间看到人气增减的过程中，要时不时地感谢，比如："感谢新老粉丝的支持。那么今天 9 点的时间段我会给大家拿出福利进行抽奖。"把这些话术夹杂在整个直播的过程中，在直播的时候，让粉丝和用户多打字。

（二）要关注

关注也是增加直播间广场流量的一个常用方法。怎样很自然地去要到关注呢？举个例子："新进直播间的宝宝，刚进来的宝宝给主播点点关注啊。点关注的宝宝，主播给你们优先发货。"首先，要引导用户粉丝去做你让他做的事情；其次，要拿一些有效的话术和有效的方法去刺激他，让他去给你点关注。

（三）发福袋

福袋是一个非常有效的方法，可以快速地让直播间的停留时长变长。福袋怎么发呢？

开场的时候直接放一个福袋，设置一个100抖币的，让大家去抢，但是一定要设置只有一个人可以抢到。首先是必须要加入粉丝团，其次一定要发送一个感谢主播这样的话，这两点都可以在直播的时候提前设置好，福袋一般是半个小时发一次。让助播在直播的过程中，通过直播的手机去设置福袋。发福袋第一可以拉长停留，第二会带来一波新的流量。

（四）点赞

开场的时候要让粉丝把赞点到一千。这个会非常有效地激发广场流量，一开场人是陆续进来的，这时候一般再用福利款，或者是跟大家进行聊天。主播要和粉丝用户说，新进来的宝宝给主播点点赞，点赞到一千主播给你们上福利，拿出一个低价的产品，放在这里说点赞到一千，把这个9.9元送给大家。当然这个产品原价可能是几十块，要让用户觉得这个东西真的是值得去点赞，值得去等待。这个时间段非常重要。

（五）成交的话术

这是直播中最重要的话术，比如说："大家手速要快，开始倒计时十、九、八……"通过这样的方法，用户们觉得马上就要上福利款，从而会进行等待。

要知道，用户在一个直播间的停留时长大概一分钟到两分钟，新的直播间也就是几十秒。当你不断地倒计时，刚进来的人会觉得，有什么东西正在抢？我来凑个热闹，这就是羊群效应。这时候主播跟运营说"来，我们再加一些库存"，这样新进来的人会觉得这个直播间的货很抢手。其实这个话术在设计的过程中，通过倒计时，已经把用户牢牢地拴在了直播间，跟着你的节奏走。

三、直播话术框架的书写

上面讲了话术讲解的流程和过款的技巧，那么具体到话术脚本的书写，应该遵循什么样的逻辑呢？很多主播会觉得，我每天都在直播，能想到的话术、用词真的就只有这么多，面对产品会很苦恼，到底如何写才能做到既不太重复又能吸引用户呢？

其实，无论什么类目、什么产品，不管是单品还是混播，话术的结构都是一样的。知道框架之后，再根据自己的品类、自己的客户群体去分析，然后拟订相应的具体话术，都会事半功倍，所以一定要先把框架梳理清楚。

			销售话术结构					
产品引入	故事引入	痛点引入	热点引入	话题引入				
FAB结构	属性	作用	益处					
展示方法	实验/对比实验	暴力测试	创意展示	搞笑展示	图片视频展示	场景还原	专家助播	
心理暗示	权威资料	热卖资料	证书证明	媒体报道	销售排行	顾客评论	直播间互动氛围	
价格对比	竞品价格对比	商场价格对比	品牌价格对比	国外价格对比	奢侈品价格对比	奶茶价格对比		
逼单技巧	电话问库存限量	现场砍价限量	老板剧肉限时/限量	报销价格福利	减库存加库存	限量库存数量		
催付技巧	未付款踢人	优先付款送福利	优先付款抽免单	今天付款送运费险	今天付款顺丰包邮			

（一）产品引入

顾名思义，就是通过话术过渡到下一个要讲的产品。常用的手法有故事引入、痛点引入、热点引入、话题引入。这个阶段要注意与用户互动，通过互动人数的多少来预估这个产品是否有吸引力。

（二）FAB 结构

引入到产品之后，就会涉及产品的讲解了。产品讲解我们要遵循 FAB 法则。FAB 法则即属性、作用、益处的法则。

属性（Feature）：简单点说，就是产品特征，这个特征就是区别于竞争对手产品的地方。注意不要将重心放在强调产品的属性上，过于专业的内容对购买者而言无异于天书，会让用户觉得很沉重，从而放弃购买。

作用（Advantage）：就是能够给客户带来的用处，是产品本身固有的，无论谁购买这个产品，产品的作用都是固定不变的。

益处（Benefit）：就是给客户带来的利益，益处是特定的，不同的人购买，所获得的益处是不一样的。讲益处的时候，必须要知道客户有什么痛点、需要产品解决什么问题，只有如此才能真正说到顾客心里，给客户带来益处。

对初学者而言，可以按照以下思路联系 FAB，来练习使用：

因为……（属性），所以……（作用），这意味着……（客户得到的益处）

序号	F (属性)	A (作用)	B (益处)
1	纯棉质地	吸水性强，无静电产生	柔软，易处理，易干，不会刺激皮肤，耐用
2	网眼布织法	挺直，不易皱	透气，舒服
3	红色	颜色鲜艳	穿起来显得特别有精神
4	小翻领	款式简单	自然，大方
5	长短脚	配合人体设计，手伸高、弯下腰不会露背	保持仪态，穿着舒适
6	拉架的领/袖	富有弹性，不易变形	穿得自然，得体
7	十字线钉纽	不易掉扣子	耐用
8	肩位网底双线	不变形，坚固	保持衣形，耐用
9	人字布包边	不易散口	舒服，耐用
10	标志	电脑绣花，做工精细	醒目，有型
11	中文洗涤标识	方便参考	提供方法，方便
12	备用纽	配套纽扣	不怕掉纽

（三）展示方法

产品展示要配合产品讲解同步进行，可以用对比测试、创意展示、特写展示、图片或者视频展示等方法，来突出产品的特点，让用户对产品有更直观的印象。

（四）心理暗示

当产品讲解完之后，我们需要通过权威的资料、产品热销数据、好评数据、证书证明、媒体报道以及直播间的互动氛围，来让用户产生信任感。

（五）价格对比

接下来，就进入我们开价的环节了。这里注意一定要多用对比的技巧。和同竞品对比、商场价对比、品牌价对比等，来制造用户的心理落差。

（六）逼单技巧

常用技巧有问库存、砍价、限时、限量、报错价格福利、加减库存等。

（七）催付技巧

这个主要会用到未付款踢人、优先付款送福利、优先付款抽免单、送运费险、顺丰包邮、七天无理由退换货等技巧，来促使用户付款。

以上就是我们书写话术需要掌握的结构，然后就可以根据自己的产品和用户人群来进行相应的书写了。

四、直播间产品脚本怎么写

上文主要讲了话术脚本的框架，接下来主要分享产品的脚本应该怎么写。要想写好一个产品脚本，最基础的点是什么呢？就是主播对产品要有足够的了解，只有主播对产品有足够的了解，在直播的过程中才能写出好的脚本，才能把产品给用户粉丝们描述清楚。

产品脚本主要参考上文 FAB 法则，为了方便更好地理解 FAB，这里提供四个辅助策略：

（一）精准打击到客户的痛点

痛点是什么？是人对美好期待的欲望得不到满足。比如说我们想要炯炯有神的大眼睛，但是因为工作，经常熬夜，有黑眼圈，导致人看起来很没有精神。如果是美妆产品，一定要强调你有没有碰到什么样的困扰。通过这种表达方式去戳到用户的痛点，在自己的线下产品宣传话术中，每一个品类都有能戳到用户痛点的话术，截取一两句，放在产品脚本的第一排、第一个框架的第一部分。

（二）卖点和期待

介绍产品，主要就是卖点讲解，它承接了痛点，通过卖点的介绍去解决用户的问题。在这个时候，就要讲刚才提到的痛点都给你解决。我们的解决方法是什么？

刚才提过痛点和美好期待是相互依存的，在我们挖掘出痛点之后，一定要想到痛点背后的本质是客户期望得到什么样的美好未来。

就像一个女孩子穿修身的裙子，小肚子的缺陷暴露出来就不太好看，那么这个烦恼就是她的痛点，解决这个问题的方式，也就是遮小肚子的设计是它的卖点。解决这个问题的最终目的是她想变得更美，是她到了夏天也可以穿性感好看的小裙子，这才是她对未来的期待，也就是她能得到的好处。

（三）解决用户顾虑，增加信任感

当用户对产品产生兴趣之后，准备下单购买之前，肯定会思考：这个东西这么好还这么便宜，那这个产品是不是真的靠谱。这时候我们可以引用一些检验报告、品牌背书或达人背书以及高销量高好评来使用户产生信任，打消购买顾虑。

（四）价格对比

促销价和原价的对比，线上活动的优惠力度可以结合节假日，结合各种店庆、周年庆典活动，包括一些电商固有的 618、双 11、双 12 这些节日去搞线上产品的促销。

比如说："新进直播间的宝宝们，今天是我们的周年庆。老板拿出了所有的利润，反馈给粉丝宝宝们。今天的这个价格是我们之前价格的一半，今天的力度非常大。"在不同的节日策划一些这样的活动，把价格烘托出来。

下面给大家拆解一个男士 T 恤的产品话术，带大家更深刻地理解。

痛点引入：兄弟，你们夏天买的 T 恤是不是穿起来不透气，而且一出汗就贴在身上，很不舒服，现在都不知道该买什么样的 T 恤。有这种烦恼的给我打个有，人多的话，宝哥今天帮你们解决。

卖点期待：兄弟们，看这件 T 恤，CK 的，国际品牌，冰丝面料。来，看一下柔不柔顺，垂感特别好，根本不会贴在身上。而且我们采用了 XXX 的设计，透气效果特别好，夏天穿一点都不闷，即使你打完篮球后，依然给你很清爽的感觉，而且百搭，下身穿牛仔裤、工装裤，都能给你一种不一样的风格。

信任设计：当然，这些不是我瞎说啊，这个是我们的材质鉴定报告，这是我们的品牌授权，咱们 CK 大品牌绝对不会在品质上拖自己后腿的。来，有没有想要这件 T 恤的？公屏扣 1。

价格对比：你去咱们专柜看，专柜价 488，一分都不带少的。今天我们也是平台首播，你只要是左上角给我点了关注加了粉丝团的，我直接给到你们钻石会员的价格 99 块钱。这个价格我只给我家粉丝，不是我家粉丝的别拍，这是宠粉福利，我只宠自己的粉丝。

以上，关于直播间的产品脚本怎么写，给大家列举了四个辅助技巧，再结合我们的 FAB 法则，就能快速地写出一个产品脚本。产品脚本写出来之后，结合上面的一些话术模版，就能自己写出一份比较完整的话术脚本了。当然前提是要多练习，熟能生巧。

需要注意的是，我们产品的话术脚本，要配合我们平均停留时长来制定，这个在我们百应后台是能看到的。抖音平台的平均停留时长在 60~90 秒，意味着每 60~90 秒的时间里，就会有用户离开直播间。如果我们这个产品的讲解节奏，讲了 5 分钟还没开价，用户一直没有购买入口。那么这 5 分钟里也就意味着我们流失了 3~4 拨人，如果这些人还是付费购买进来的，也就意味着我们白白浪费了很多钱。

当然不是说在 60~90 秒之后我们就要切换到下一个产品，因为开价之后，用户有了购买入口，我们只需要反复地讲解产品价值，然后重复逼单就行了。即使是打单品爆款，也一样要遵循用停留时长来控制直播节奏的做法。

五、临门一脚促进成交的策略

前文讲到关于话术脚本怎么写，关于产品脚本怎么用。在最终成交这一块，为使你的转化率提升、销售额提升，这里讲一讲具体的方法。

（一）破价

破价是真的亏损，可以在话术上说，今天是底价的底价了。对每个供应链的能力来讲，有的东西，可能你卖 50 亏钱，人家卖 50 赚 20，每个主播的能力不一样。你在设计价格时，要先符合大家的认知，比如用户认知中这件 T 恤是 50 元，这时候你就卖 40 元，当然同时你要考虑成本。在设置上要去设计这样的款式拉我们的流量，提高转化率。

（二）对比

给大家举个例子，直播的过程中，每个产品都要做比较。这款产品 1999 元、明星价 999 元、网红价 399 元，今天在直播间 99 元给大家上链接，让大家对价格有阶梯式的感受。

另外，还可以对比别人都是多少钱。但是话术上要注意分寸，如果你直接这么说，肯定是要被封禁的，因为抖音是不允许直接做对比的，但可以用一些别的方式，比如说直接拿张截图展示。这种方式一定要记住，非常重要、非常好用。

（三）饥饿营销

限量出售，引发冲动。比如一个好的秒杀款，直播间有 1000 人，就放 5~10 单，要饥饿营销限量发售，这样让更多的人抢不到，让更多的人想要，让更多的人停留在直播间。

比如说："1000 人在线，这个秒杀款反正只有 5 单，大家拼手速，拼网速好吧！来，上链接！"上完之后我们会说什么呢？"我看一下有多少人没抢到，想要的给我打想要两个字，我再给大家上一拨福利。"这个时间可以把互动拉上来，新进来的用户看到直播间这么多人想要，一定很期待到底是在卖什么。这就是从众心理、羊群效应。

（四）从众心理

主播倒计时，引发跟随购买。这是一个很好用的小技巧，主播在旁边报订单，报还有多少单，只有几单啦，这边让运营给我上 50 单，主播这时就要不停地进行逼单。逼单的话，除了说顺丰包邮、大家秒拍秒付、七天无理由退换货这些话术之外，还要说什么？还要说还有 10 单，还有 5 单，还有 3 单，让直播间的人感受到直播间这个订单一直在减少，把这种非常抢手的感觉传达给用户。

六、直播脚本怎么写

以上，我们知道了怎样配合不同的产品拟订相应的话术，从而拉高直播间的流量；也知道了具体产品的产品话术怎么写，知道了一个完整节奏的话术脚本怎么拟订。为了能够顺利完成我们的每一场直播，减少意外的发生，除了做好准备工作之外，我们针对每一场直播还应该有一份直播脚本，按照直播脚本的大体方向走，才能一切尽在掌握中。结合上面学到的知识，下面为你分享怎样去写直播脚本。

首先，我们要对本场直播的日期和人员做好记录，这场直播从几点到几点，播几个小时；每个职位分别是谁负责，分别做什么事；然后是本场直播的核心主题是什么，全场活动和福利都围绕着活动开展；本场直播期望达成的目标是什么，以及最后实际效果怎么样，方便我们结束后做复盘；最后还有我们对视频的安排，是否要提前预热、预热几条，直播间的切片视频多长时间发一次。这些都要提前写在脚本里，并实际执行。

直播日期		2021年5月28日19：00—24：10			实际结果
直播人员	主播	××	××		
	助理	××			
	运营	××			
	客服	××			
	场控	××	××	××	
直播主题		初夏爆款福利专场+主播宠粉日			
直播目标					
视频预热	当天直播前	3条	爆款/玩法/主播		
	直播中	8条	直播间切片		

接下来就是在直播过程中的脚本，会涉及具体哪一个时间段讲哪个产品、讲多久，产品卖点的大致介绍，在几号链接，营销话术是什么，互动话术是什么，逼单话术是什么，助理、场控、中控在每个时间段要做什么事，这些都要罗列在我们的直播脚本里。

大家结合之前学到的知识，配合下面这个表格，就可以做出适合自己直播间的直播脚本了。直播脚本要细致，细致到每一个节点要做什么事情都提前安排好。

直播间的每一分钟都是变化的，有很多不确定因素，为什么我们还是要提前列好直播脚本呢？脚本的目的，一是让团队成员知道自己在什么时候要干什么事；二是给主播一些方向上的一些指引和提示，在主播跑偏的时候快速把主播拉回原有的节奏。

抖音直播带货策划方案60分钟片段

内容项	时间段	用时	直播间内容模板	商品链接	产品名称	营销	互动	物料准备	场控互动内容	发货备注
岗位负责人	主播		团队	运营（上下链接）		主播		助理	场控	客服
主推款说明+秒杀、抢赠玩法	7:00-7:05	5	1. 团队与粉丝打招呼 2. 引导粉丝转发直播间 3. 简介此次重点商品及玩法 4. 鼓励游客关注直播间，卡粉丝牌不连跪	1~7号链接	毛衣福利 小黑裙福利款 派克服、带毛领 围巾 毛衣链 带毛领、90%绒羽绒服	秒杀款 福利款 主推款 主作款	详解如下	样品+演说道具（手机、配饰、赠品等）配合主播制造气氛	赞美主播，询问商品特性，根据主播引导参与互动，引导节奏	包装及签单准备
秒杀款	7:06-7:10	4	第一轮，关注主播，加入粉丝团，限时秒杀	1号（链接）	毛衣福利	29.9元	粉丝福利款，限时间，限20件	秒杀时长 配合主播活跃氛围	刷屏/控评	待结果记录
利润款	7:11-7:20	9	主播试穿外衣，内搭毛衣，讲解款式、性价比	2号（链接）	派克服、带毛领	今日直降至99元	某网平台价格300以上（注意连禁词）	引导新进直播间人员看了！开播感主播，关注、点击、点赞	刺激消费，说主播真了！开播感王作，体现产品价值	
	7:21-7:28	7	试穿外套羽绒服，面料、工艺现场实验，防水	3号（链接）	羽毛刺绣，90%绒羽绒服	199元	原500件	全身展示，展现主播风格	表示赞叹，询问优势卖点	
福利款	7:29-7:32	3	第2轮抽奖，福袋抽送，现价红包，评论刷屏	4号（链接）	小黑裙福利款	粉丝团福利原价69.9元，现价29.9元	加入粉丝团购买限50件	价格优惠，物超所值	表示已转发直播间，点击购物车	上一环节打印，出货
爆款	7:33-7:49	6	讲述款、选材、搭配 爆款女装款款，美围穿出来，女人橱窗必备	5号（链接）	带毛领、90%绒羽绒服	线下专柜价499元，直播间特惠价399	黄价格（100件）	搭配穿搭赠品，手机展现同类商品价格	配合出价，情绪满满，带节奏，询问尺码及发货	
爆款	7:40-7:45	5	讲解鞋子，工艺、面料，搭配小黑裙，百搭显高	6号（链接）	鞋子	原价159元，今天直播间仅卖99元	仅限前60名下单后恢复原价	全身展示，动作示范 展观鞋子画面	强调优惠力度，搭配效果	
爆款	7:46-7:50	4	设计精美，款式新颖，气质型、温婉型、御姐型，各种搭配佩戴方式	7号（链接）	围巾	活动半价29.9元	限50下单享有	服饰展示，搭配	第一款：没抢到 第二款：表示很优惠，点击购物车	
福利款	7:51-7:55	4	时尚搭配，气质女人使用场合	8号（链接）	毛衣链	粉丝福利抢购19.9元	可搭配：毛衣、色系搭配	配饰搭配展示	表示上次没抢到，今天运气来了	
游戏	7:56-7:00	4	利用游戏引导出下一单下主推价值，并引导游客卡粉丝牌，分享直播间	---	---	点击购物车对应商品页，寻找谜题答案	刷礼，物抢答	助理带粉丝玩游戏	积极参与带节奏，询问接下来玩法	结束第一颗单子统计

学到这里，如果内容都吃透了，那么恭喜你，你已经是一个合格的主播了。如果还想更进一步，那就要掌握一些基础的运营知识了。

第四节 必备的基础运营思维

这一节的所有内容都是高级运营培训的知识点，之所以把它放在初级和中级的内容里，是想让新手主播更快具备运营思维。很多内容针对已经在直播、已经做了付费推广投放的直播团队来说，用处会更大。

主播只有具备了一些运营思维，才能更好地和投放进行配合，知道每个节点该做什么、该怎么做，这样也能复盘分析出每一场的问题所在，从而有所进步。

一、如何提高点击率

对于运营知识，我们首先要了解的是流量的来源，用户从看到我们的直播间到最后购买都会有哪些行为。

大家先看一下用户购买路径都经历了哪些行为。

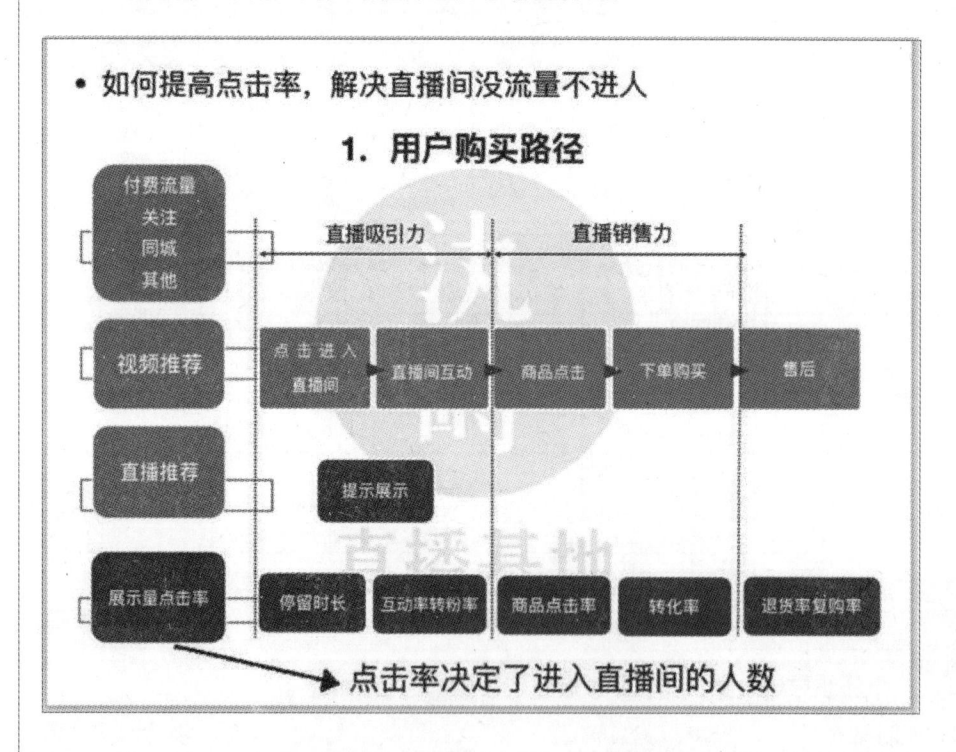

- 如何提高点击率，解决直播间没流量不进人

1. 用户购买路径

付费流量 / 关注 / 同城 / 其他
视频推荐
直播推荐

直播吸引力：点击进入直播间 → 直播间互动
直播销售力：商品点击 → 下单购买 → 售后

展示量点击率 → 停留时长 / 互动率转粉率 / 商品点击率 / 转化率 / 退货率复购率

点击率决定了进入直播间的人数

所有用户通过付费流量或者关注我们，无论是同城还是其他，也有可能是视频推荐、直播推荐。所有直播间流量入口都列举在这里。

展示量的点击率指的就是决定进入直播间的人数。举个例子，展示量假如在10000，点击率如果是10%，进来的人就是1000人，也就是说点击率越高，在固定的展示量的情况下，进入直播间的人数就越多。

一个大的流程，其实就是付费引来的流量，包括自然流量点击进入直播间，在直播间进行互动，进行商品的点击下单、购买、售后的完整路径。用户在进入直播间之后，通过直播的吸引力，完成产品的购买，在直播销售力这个环节，对应的其实就是产品的点击和下单购买。

下面是直播间效率模型图，也跟你分享一下，给你做一个对比。这张图在高级运营课里是拆分出五章来讲，这里只是阐述概念。

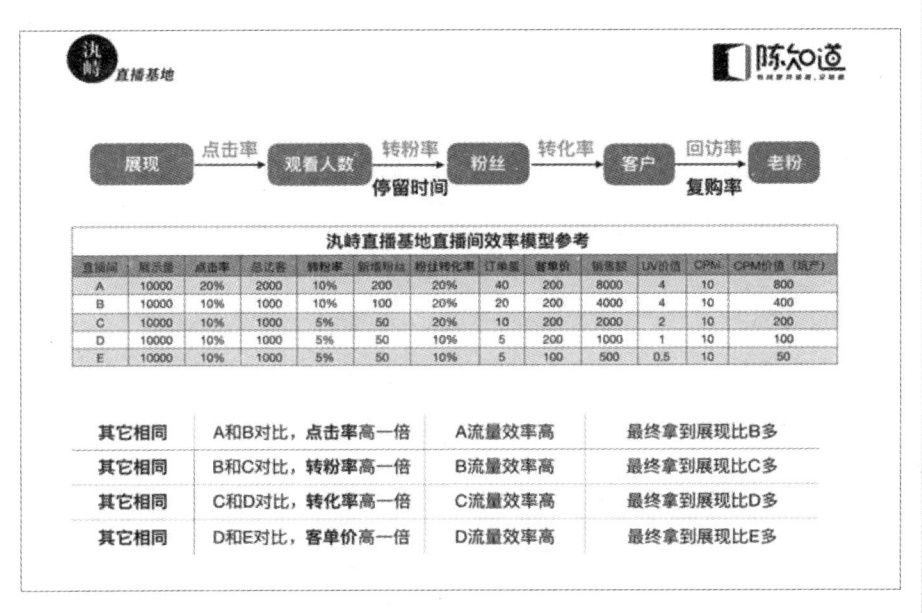

汊峙直播基地   陈知道

展现 →点击率→ 观看人数 →转粉率→ 粉丝 →转化率→ 客户 →回访率→ 老粉
                    停留时间   复购率

汊峙直播基地直播间效率模型参考

直播间	展示量	点击率	总访客	转粉率	新增粉丝	粉丝转化率	订单量	客单价	销售额	UV价值	CPM	CPM价值（现产）
A	10000	20%	2000	10%	200	20%	40	200	8000	4	10	800
B	10000	10%	1000	10%	100	20%	20	200	4000	4	10	400
C	10000	10%	1000	5%	50	20%	10	200	2000	2	10	200
D	10000	10%	1000	5%	50	10%	5	200	1000	1	10	100
E	10000	10%	1000	5%	50	10%	5	100	500	0.5	10	50

其它相同	A和B对比，**点击率**高一倍	A流量效率高	最终拿到展现比B多
其它相同	B和C对比，**转粉率**高一倍	B流量效率高	最终拿到展现比C多
其它相同	C和D对比，**转化率**高一倍	C流量效率高	最终拿到展现比D多
其它相同	D和E对比，**客单价**高一倍	D流量效率高	最终拿到展现比E多

直播间在直播广场进行展示，通过固定的点击率进到直播间的人就是观看人数，其中有一些转化成了客户。当客户回访变成复购的时候，成为老粉，这个就是广场的流量从进入直播间一直到购买复购的完整流程。

参考直播间效率模型图仔细看一下，对比一下 A 和 B。点击率 A 比 B 高，A 是 20%，B 是 10%，A 的流量效率会更高，最终拿到的展示也会比 B 多。

再对比 B 和 C，B 的转粉率比 C 高一倍，B 的流量效率就会更高，最终拿到的展示也更多。

C 和 D 进行对比，C 比 D 的粉丝转化率要高一倍，C 的流量效率就会更高。

D 和 E 之间，拿客单价做对比，也就是产品的定价，D 比 E 又高一倍，所以 D 的流量效率最终效率会更高，拿到的展示会更多。

最终可以看到，这里有个叫 CPM 的价值，也就是每千次展现所能产生的收益，其中 A 最终占一半的展示量，它的坑产是最高的。

把用户购买的路径拆分成一个可视化的表格，从流量进到直播间，在直播间产生互动，再到点击产品到下单再到售后，整个用户在直播间的行为可视化成一个表格。

在高级运营培训中会提到如何提高停留时长、如何增加互动和转粉率、如何提升产品的点击率和转化率，包括最后的降低退货率和复购率，以及关于售后客服，都有完整的培训内容。

在本书的初级和中级主播培训内容中，可以用这一章先把思路抛出来，分享整个路径表格，学会数据化运营的思维。

关于这个表，可以仔细地去对比 ABCDE 不同的项目，当点击率一样，比如说 B 和 C 点击率一样、转粉率差一半的时候，导致最终的坑产也是差一半。可以看到从 A 到 E 到最后的坑产，都是逐级差了一半，其实是在每一个环节上都差了一半。

把这个底层逻辑思考清楚，直播间的销售额就可以通过一个数据化的数学公式来控制。把所有非具象化的事情全部数据化，这样才能让团队中的每一个成员把自己的工作数据化，从而有助于提升直播间的点击率，快速提高直播间的销售额。常用的提升直播间点击率的方法有下面几种：

（1）流量精准到达直播间时主播的展现力，细化一下就是话术。

（2）直播间的场景，可以有很多种优化方式。

（3）开播文案，就是你刷推荐正在直播时还没点进去下面的文案。

（4）流量精准到达主播主推的产品。

举个例子，测试出最佳点击率的方法。我们会尽可能减少变量，在相同时间段，在相同推送品的情况下，去做不同文案的直播间点击率的变量测试，从而测试出一个最好的爆款点击率文案。

同理，直播间的场景亦是如此，并且直播间的场景大于直播间的文案。做个延展，你可以把 3.9 元秒杀款挂在直播间的场景中，你要告诉用户你是有亏钱款的，不然你就自嗨了，就好比你是个肌肉男，但是你穿了件羽绒服，谁都看不见。你需要把你光鲜的一面展现出来，这样用户才会点进你的直播间，从而带来更高的曝光率。

以下列举几个小的优化案例，如何提升直播广场与同城的点击率。

2. 如何提升直播广场与同城点击率

直播广场

- 封面：封面点击率决定直播广场流量
- 福利：影响点击率因素
- 标题：影响点击率因素

封面优化：
- 色彩引起注意
- 构图引起兴趣
- 创意引起欲望
- 标题引起行动
- 开启同城定位

同城视频广场

图片来源：直播间截图（截取时间：2021年5月21日）

直播广场对于一个大众用户来说，会看到什么呢？首先，注意封面这里。如果直播间在发红包和福袋时都在这个位置上显示福利，标题写着简短的文案以及全场9.9元等，这些分别会影响什么呢？

封面是第一视觉感观，影响点击率，决定了直播广场的流量，所以一定要选一张完美的封面；福利是影响点击率的一个因素，在直播间发福袋和发红包的时候，当大家在广场看到的时候，有的会受到福利的吸引；标题也是影响直播点击率的一个因素，比如说"全场9.9秒杀"，这个更具有吸引力。

同城广场视频的展示，就是这个样子。这是在北京的一个直播广场，怎样引起你的兴趣？要做的是封面的优化，色彩要能引起注意，构图要能引起兴趣，创意能引起欲望，标题能引起行动，开启同城定位，这样就会有更多的人看到。对影响点击率的所有因素做了一个拆分及优化的点。

如何提升点击率？关键点首先是色彩，然后是创意和人物。

图片来源：百度（截取时间：2021年5月21日）

如何提升直播电商广告流量投放的点击率呢？新品牌在投信息流的时候，很多直播间是通过FEED投的。直播间在用户抖音里刷到的就是这样的题目，可以看到这个直播间就是一个反面的例子（下图左）。

4.如何提升直播电商广告流投放点击率

图片来源：直播间截图（截取时间：2021 年 5 月 21 日）

它的优化空间非常大，主要还是从"人货场"出发。

图左边的主播整个妆容和穿搭非常不精神，还有很大的优化空间。书中前面的内容专门讲过不同类目直播的带货主播应该如何去化妆，可以看一下。

场景的光线非常昏暗，清晰度也比较低，整个环境没有纵深感，关于产品是不是爆款产品，从场景中也不容易看到。

再看在行业里做得比较优秀的月销千万的直播间（图右）。虽然看上去很朴实，但卖的是居家好物，要营造的就是这种亲和力和居家感。这个主播的造型也是非常强的人设，说话非常有亲和力，主播调性和所带的产品很和谐。你可以去看直播间，产品摆放整齐，可以很直观地看到产品，整个直播间的场地光线明亮、清晰度高。所以一定要做这样的直播间，不一定要很豪华，装修得跟旗舰店一样。

最后一点就是行业优质的直播间是什么样的。下图中的这几个直播间，场景的搭配、场景的创意、人物的颜值和活动的内容都有着很好的状态，都值得我们去学习，有了这样的状态就能提升直播间的点击率。

图片来源：抖音直播界面（截取时间：2021年5月21日）

二、广场流量憋单技巧

流量是由免费和付费组成的，在流量来到直播间的时候，我们是如何进行销售的，通过我们产品的优惠把人气慢慢拉升到一定阶段，统称为憋单。

营销款的憋单选品。首先要把品选好，具体的可以是什么？9.9元的电饭煲、9.9元的苹果手机、9.9元的羽绒服限时秒杀，亏钱卖品牌的产品一定有吸引力。简单来说，就是看着就值100块，但是只卖1块钱；看着就值10000块，但是只卖1000块。类似于苹果手机这种产品，如果卖1000块钱，你的直播间绝对是全网第一，就应该用这样的产品憋单。

当然一定要记住，要限时秒杀、限量秒杀，把人气憋起来就可以了，不用一直低价亏钱卖。

那么究竟该怎么做，这个也是所有人最关心最想了解的，分为四点：

（一）活动的噱头贯通全场，而且要真实有效

比如说："今天就卖这个手机，直接送给大家一个，大家拼网速拼手速，今天就这一个苹果手机，现在倒计时送给大家，所有的人必须给我点关注，没有点关注的就没有机会，如果抽到你也是不能送给你的。现在来倒计时十、九、八、七、六，我再给大家说一下，我们今天直播间就是给大家送福利，我这个苹果手机只抽给我的老粉，抽关注我的、点亮了灯牌的。好，我看到了，谁谁谁还没有给我点灯，快点给我点个关注。五、四、三、二、一，上链接。"刚才这一段都是真实的演示文案，其实就是噱头。纵观整个直播的过程，这个噱头真的就把人气拉起来了。

（二）提高互动，拉长停留

拉新粉、宠老粉，这个就是前面讲的话术中提到的，要不断地去拉起新粉丝和老粉丝的互动量。

（三）控制放单的时间节奏

一定不能放得太长，要注意节奏感。需要团队所有成员去练习，让主播去感受流量的承接，放单不能放太高，因为放高了人就没了。一定要在最合适的时间点把订单放出去，切记不能不放单，不放单会被惩罚。放单的时间不能多，但是又不能拖得太晚，这样的话平台会进行罚款和扣分。

（四）倒计时增加紧迫感

采用倒计时，不停地提示还有最后几秒。这个技巧是亲测实操的一个有效方法，前面讲的所有关于广场流量憋单产品和方法的选择，都是亲测实操验证有效的，你回去可以尝试，一定要反复找到承接流量的感觉。

关于每一个类目，服装也好，酒类也好，饰品也好，都有一套完整的话术模板，都有专门针对这种免费广场流量去做的憋单话术。这些内容会在高阶运营课里面提到，当然在直播的过程中，核心还是要修炼内功，打造好"人货场"，加上付费流量，才是长久的方法。

三、0粉丝账号如何设置直播间诱饵

很多小伙伴可能是新开直播间，准备进入这一领域。下面就跟你分享一下我们的0粉丝账号是如何做的，希望能给你一些帮助。

（一）产品结构

首先是产品的设置。产品吸引路人，这个非常关键。一个新账号在直播的时候，没有粉丝，直播间的人数也非常少。这时候要吸引更多的人留下来，选品就至关重要了，一定是低价产品可以吸引到路人，再结合话术的套路，限量抽奖福利，要拿出一些足够有诱惑力的福利产品到直播间，去吸引新粉丝。

（二）设置福袋

开场发福袋，这是非常有效的小技巧。设置成一个人可以领取，每半个小时发一个，发完半个小时之后，就会看到直播间的人数有所增长。当然吸引来的人就是冲着发福袋来的，会比较泛，不精准，前期这样做只是为了突破流量层级。

（三）正常销售

最后，人多的时候开始正常卖货。

也就是说一个 0 粉的账号，通过前期福利款憋单的操作，当人气达到一定峰值的时候，再去卖正价的利润产品。新号在前期先不要急着去售卖正常价格的利润款，一定要把直播间的权重先做起来，把直播间的流量层级突破。后面的内容会给大家讲如何在新手期突破流量层级。

四、助力如何做直播间冷启动

除了主播和粉丝互动，也可以用抖音平台的工具辅助我们提升直播间的流量。

直播间如何投放，每种投放方式有哪些不同，适合什么情况下使用？这里主要跟大家分享的是随心推及千川投放。虽然看起来是不同的工具，实际上无论通过什么工具投放，底层逻辑都是不变的。

投放是有技巧的。前期筹划直播，刚开始的时候进行投放，不需要全投，要看情况投放。我们可以通过 DOU+或者随心推对账号上的视频投流，给直播间进行前期预热。

中期冲到流量池之后，要维持稳定，流量跑起来之后再进行投放。也就是说，当实时在线人数稳定在几百人、几千人的时候，就要投放一些付费流量，维持一个流量层级，保持直播间权重，让更多的自然量源源不断地进来。

投放就是助推剂。当直播间需要辅助的时候，投放效果最好，无论是 FEED 还是千川，同样的逻辑，它们只是一个助推剂。

当直播间需要补量的时候，付费流量就要补上去。直播间流量进人是波形的，当流量在高峰的时候进行卖货，人数掉下来的时候，如果没有增量，可能就凉了。因此这时候需要付费流量，无论是豆荚还是千川，通过付费流量把人气给补上去，到高峰的时候再进行卖货。通过付费流量，把人气值变成完美的波形，这样才能达到想要月销千万的直播间。

那么，如何通过付费去提升直播间的流量层级呢？先讲一下随心推如何进行投放。之前很多人只投带货或只投人气、互动、涨粉，现在给大家一套我们测试出来的比较好的一种投法。

选择投放直播间五百人气和五百成单，人气、成单都选择零点5小时，如果说效果好，要继续追加投放，追一个成单，1000元1小时。为什么要这么投？直播间的流量从开场到达第一个峰值，然后下降，然后稳定；要在开场10分钟内让流量跑上去，也就是说随心推都是在这段时间开始消耗，随心推和千川都是为了让更多的人进到直播间。

一个初始的直播间流量是非常少的，所以需要通过投放，通过付费把直播间进行数据的拉升。在原有的一小时内进来100人，变成一小时内进来1000人，把直播间的数据进行放大。

直播间流量放大的过程中，需要做哪些事情？

在流量来的过程中要提前准备好福利款，福利款会涉及憋单、逼单，开播中把福利款放出来引流，当人气达到峰值时，转成利润款。FEED也同样，我们可以投300停留、300购物车点击、300高出价成单、1000低出价成单。要强调一句，做FEED投放也好，做豆荚投放也好，前提一定是你的人货场没问题，不然换成任何人去做投放，也会投不出去，达不到好的ROI。

关于付费投放启动，直播间流量层级提升，一定是在你"人货场"搭建相对完美的情况下，不然就是浪费钱的投放。在前端打造好的情况下，这两种投法都可以放心地投，2000元随心推、1900元千川的投法，都是属于低预算。预算充足的情况下，建议大家可以把随心推放到6000元，千川放到10000元。

当然，每个人的情况不一样，也有免费流量去撬动直播间的打法。这个对技术性和概率性要求更高，付费是最稳定的。

五、百人直播间的留人话术

之前讲过直播间怎么突破 0~20 人在线，现在给大家讲如何突破新手期实时在线 100~500 人。主播该怎么做？要知道，在不同的流量层级，对主播、对团队来说，要做的事情都会不同。主要分为两点来进行突破：

（一）把控节奏

当直播间流量稳定在 100 人左右的时候，节奏的把控是非常重要的。首先要增加互动环节，因为百人直播间的人气还可以持续上升，实时在线人数一旦突破 100 人，就离 500 人不远了。这时候要增加互动，带动直播间的氛围，增强粉丝的购买欲望。主播要主动地和粉丝产生黏性，为什么？因为直播间在 100 人的情况下，主播可以照顾得过来新进来的粉丝，达到 500 人以后，主播不大可能念每个人的名字或者跟他们互动，就会失去很多新进来的人，所以在 100 人左右的时候，可以稍微照顾一下，既不能完全不理他们，也不能每个人都做回应。之前讲过 20 人的时候，可以把每一位都照顾得很好。

所以把控节奏就非常重要，20 人上升到 100 人左右时，对主播的挑战会很大，不仅要与粉丝互动，还要频繁地让粉丝进行点赞、评论和关注等操作。

（二）百人直播间留人话术案例

（1）百人直播间衣架案例：59.9 元 10 个衣架循环说，拉直播间的人气留存。

直播间话术：

欢迎新进直播间的宝贝，有没有宝贝说咱衣服叠起来很难找。找个衣服，翻箱倒柜，好不容易找到衣服，拿出来一看皱皱巴巴的，不能马上穿上身。那咱家这款多功能的衣架你一定要入手了。宝贝19.9元1个，19.9元1个啊。主播建议大家直接去拍59.9元10个，39.9元是5个，看清楚啊，宝贝。

咱们颜色随机啊，不能拍的地区就不能拍，能拍就能发啊。宝贝能拍就能发，颜色都是随机的，都是热卖的颜色，难看的颜色咱都不生产了。宝贝相信主播的眼光，相信家人的眼光，颜色都是好看的颜色。

（2）千人直播间千足金项链案例："6.6元千足金"循环说，要关注点赞，拉直播间的人气留存。直播间话术：6.6元千足金算盘项链，我今天亏一千五百块钱，送黄金、送千足金。我不是开慈善机构，我是在做福利，名额不多，全屏扣1的优先参与，点关注，加粉丝团，给我点10下小赞赞的顺丰包邮。

点关注，加粉丝团，人手点10下小赞赞顺丰包邮。今天这一个是999纯黄金的吊坠，加送一条专柜价值590的链条，我今天只要6.6元，送礼品袋加国检证书，全部加送给你。你们可以拿着这个吊坠去线下验货，假一罚三。

总结一下这两款的话术，首先看59.9元衣架直播间的话术，在不停地回复粉丝留言，宝贝不要着急哦，宝贝马上就发货，宝贝19.9元一个哦，59.9元是10个哦。一直在和粉丝互动。这是一个百人的直播间。

为什么我把几千人的直播间案例也拿出来分享？是想给你一个充分的对比。千人直播间的主播，让所有的人关注点赞，要知道关注点赞越高，广场流量就会越大，直播间已经有几千在线人气了，但还是想拉到实时在线一万人，需要做的就是让目前几千人的直播间，持续点赞加关注。只要直播间里一直在说 6.6 元千足金的项链，在不是假货的情况下，让直播间的所有人为主播点赞关注，去增加直播间的权重，从而拉升直播间的流量层级。

六、直播时长与定点直播的重要性

行业中有很多新手朋友问，什么时候去拉直播时长，为什么要定点直播？如果你也有类似的困惑，下面讲解的直播时长和定点直播的重要性，将解决你的困惑。

（一）增加直播间权重

前期账号没有给抖音数据反馈，权重比较低，需要不断地去直播，随着权重的增加，才会有更多的自然流量。很多人觉得我越播越没人，那我还播干吗？其实不是的，你要在合适的时间去拉长直播间时长。如果是因为"人货场"的准备不充分，那么下播做调整；如果一切都 OK，咱们正常直播，拉长时长，做好成交停留，系统自然会收集到相关的数据反馈。

（二）强化人设稳定粉丝

固定的时间开播，会给粉丝留下固定的印象，从而加深印象，增加复购。比如罗永浩每天晚上 8 点多开播，我们可以每天早上 8 点多开播，精准人群就会养成习惯，知道每天在什么时间段能找到你，会形成记忆。

（三）容错率高

如果每天固定时间开播，首先团队会磨合很快，最简单的就是大家的生物钟会很正常，形成一种习惯，主播的状态也会更稳定。

（四）直播频率影响流量稳定

如果每一场都播两三个小时，每周 3~4 场，频率稳定，更容易稳定流量。也就是说直播间会在整个系统里形成系统记忆，系统知道你这个时间段要开播，会给你推更多的精准流量。一定要在开播之前找到我们的类目、主播在几点播最合适。这是可以去测的，比如说早上5点到8点播一次，10点到12点播一次，下午播一次，晚上播一次。

找到最适合我们类目的直播时间，之前的初级和中级内容里也提到了如何去避开比我们强很多的同类目直播间。要打出差异化，与顶级的对标竞品直播间打一个错峰。尽量要错开，不然你跟罗永浩卖同样的产品，在同样的时间，你觉得你能卖得过罗永浩吗？最主要的是，你的品也没有他的价格低，而且你的直播间也没有他的直播间有吸引力。所以我们一定要错开时间去直播。

七、快速突破直播流量池

突破流量池，最核心的就是你的每一项电商数据指标，在同类目里都超过了类目平均指标。如果想获得比同行更多的流量，你只需要将你的数据所有指标做到比对方高，就可以超越对方。

这一篇还是让大家有一个初步的同步认知。先看一个数据对比图。

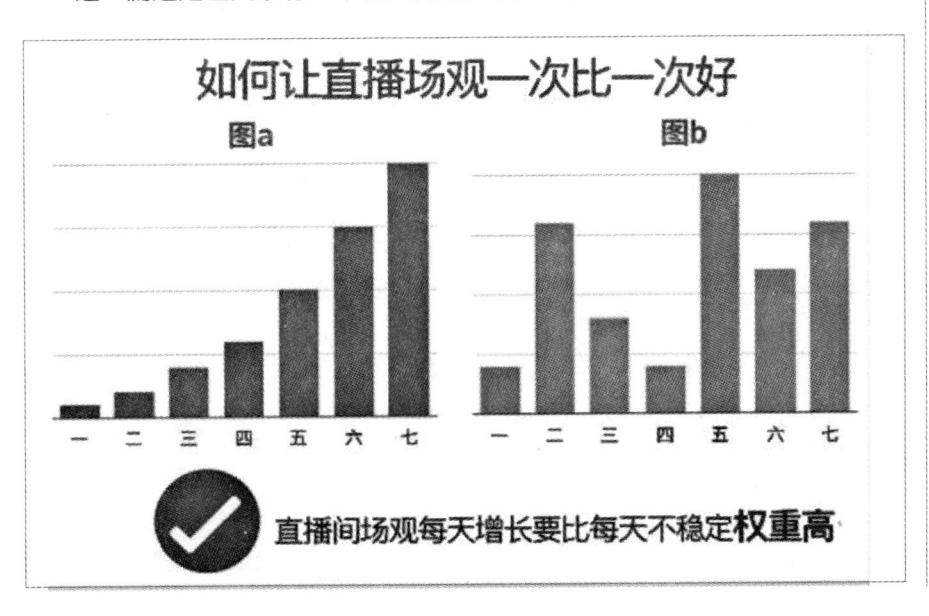

如何让直播场观一次比一次好

图a   图b

✓ 直播间场观每天增长要比每天不稳定**权重高**

图 a 和图 b 是直播间的场观，图 a 从左到右：比如场观是 1000、2000、5000、10000、20000、30000 的直播间；图 b 从左到右：场观是第一场少，第二场多，第三场少，第四场更少，第五场又多了，是这样的排序变化。

可以很快给出答案，肯定是图 a 更好。如果场观从第一场开始到第七场，稳定地增长，系统必然会识别出，这是一个有潜力的直播间，这个底层逻辑大家很容易理解。

其实大部分直播间就像图 b 一样是不稳定的，比如今天播了一会儿，不行就下播了，第二天数据上来了，第三天又下来了，非常不稳定。系统无法识别这到底是个优质直播间，还是一个不稳定的直播间，系统还会再观察。要想直播间权重越来越高，就需要稳定的直播时间和稳定提高的数据。这种数据是需要打造的，而且一个场观稳定增长的直播间，相应的权重会比不稳定的直播间更高。

那么如何让场观稳定增长，做到图 a 这样的增长趋势，场观一次比一次高呢？给你三个建议：

（一）准备工作充分

直播间的话术脚本，还有框架、主播的口播表达能力，一定要按照之前的内容反复地练习，最重要的是每一场直播后都要进行复盘。

（二）掌握使用直播的技巧

比如说福利款最后上架，拉高人气后再下播，这是一个小的技巧，为下一场的直播开场做铺垫，因为直播间下一场的人数跟这一场的总场观有关系。

（三）付费补数据

如果自然量不够，就需要用付费流量补充，这一点结合上面的图 a 图 b 给大家做一个讲解。如果第一场的场观是零粉丝新账号，播到500人，到了第二场，无论是自然量还是付费量都要补到比上一场数据高，一场要比一场高，直播间的权重就会快速地上来。

新号从0开始播用这个方法效率更高，能更好地获得直播间权重，快速地突破流量层级。

八、自然流量玩法的小技巧

前文讲过广场流量的憋单方法，接下来要讲的是自然流量玩法。这两种玩法结合，就可以做到单场百万，当然大家的直播间具体能卖到多少，那就要结合"人货场"的搭建了。怎样最大程度地获取自然流量，在这里给你几个建议：

（一）选好产品自带流量

那选什么样的品好呢？要有卖点、客单低、转化高、评分高。前三点都好理解，为什么要评分高呢？目的是在直播期间购物的小黄车不掉车，因为免费流量进来之后，一定要去稳住，需要我们的品、评分足够高，销量足够好，不然会直接影响我们的下单付款率。因此可以去精选联盟选择一些店铺中销量高、评分又好的产品，包括选择供应链也是这样，一定要选择输出稳定、跟单能力强的供应链，这样毛利足够高，操作空间才更大。

（二）关注核心数据指标

这部分内容，是一些非常实用的数据指标，方便你自我验证，根据数据指标不断优化我们的直播间。

以下是根据第三方平台的数据（非官方数据），将直播间的流量池分为S、A、B、C、D、E六个等级供大家参考。根据单次场观、平均进场人数、峰值在线和平均在线人数，你可以自己判断自己在哪一个流量池里。

带货直播间【权重诊断】【流量分析】【优化建议】				
权重	单次场观	平均进场	峰值在线	平均在线
S	100万+	1.1万+人	无上限	1000~5000
A	20万~100万	2200人~1.1万人	3000~1万	500~1000
B	4万~20万	450~2200人	1000~3000	200~500
C	6000~3万	70~330人	100~800	80~200
D	800~5000	10~55人	30~60	20~80
E	100~700	1~8人	1~20	<20

面对直播间不进人、留不住人、卖不出货等问题，该用哪些数据指标作为参考呢？这个在市面上没有统一答案，而且每个类目的数据标准也有差异。依据我个人摸索出来的经验，不是达标就一定行，但至少平均值如果接近这几项的话，直播间权重会更好。

解决带货直播间【不进人】【留不住人】【卖不出货】【广告无消耗】							
权重	留存	UV价值	互动	涨粉	点车	点赞	分享
S	180s	3元	10%	6%	90%	5%	5%
A	150s	2元	8%	5%	80%	4%	
B	120s	1元	6%	4%	70%		
C	90s	0.8元	4%	3%	60%		
D	50s	0.5元	2%	2%	50%		
E	30s	0.3元	1%	1%	40%		

如图，如果我们想快速晋升到下一流量池，那么就需要达到相应的指标。有了数据化的运营，我们复盘的时候，就可以有针对性地进行优化。

九、直播后如何做有效复盘

每一场直播都要有进步，最快速的进步方法就是对每一场直播进行数据化的复盘，并进行逐步优化。所以强调和建议大家修炼内功，无论是免费还是付费，长期稳定的输出才是最重要的。

那么，复盘要拿哪些数据出来？做哪些工作？这些数据在哪里看？

五大价值，全面衡量

流量	内容	粉丝	转化	品牌
观看UV	人均观看时长	粉丝GMV	GMV	评论净情感值
外层点击CTR	评论率	看播粉丝占比	商品点击率	产品提及率
PCU(最高同时在线人数)	关注率	粉丝活跃看播率	商品支付率	品牌传播指数变化率
ACU(平均同时在线人数)	分享率	粉丝评论率	GPM	……
观看>1min率	不喜欢率	粉丝取关率	7日平均复购率	

直播核心数据维度：流量、内容、粉丝、品牌、转化

	效果表现		归因分析	优化建议
维度	核心指标	辅助指标	多维归因（举例）	优化锦囊（举例）
流量	观看UV	CTR等	直播间流量来源单一，广告投放效果不佳	引流短视频、站内外预热，补足流量来源，优化广告投放
内容	人均观看时长	峰值人数等	直播间环境布置不佳，主播话术无趣，互动氛围差	优化直播间布置和脚本，利用互动产品提升氛围
粉丝	涨粉率	粉丝看播率等	粉丝看播少，粘性差	优质内容结合抖音号推广涨粉，粉丝运营（社群、定向投放）提升粉丝看播
品牌	品牌传播指数	评论提及率等	营销事件影响力弱，未破圈	直播前加强站内外预热，直播后进行内容二次传播
转化	GMV	成功支付率等	货品卖点不突出，优惠力度弱	优化选品组合和产品卖点，有竞争力的价格

上图是复盘的指标和优化建议表，大家可以自己对照。

数据查询及复盘的具体步骤：首先在企业服务中心打开直播管理，看主播中心。通过直播手机去看当场的直播流量分布，然后再看巨量百应或者抖店后台的数据，能直观地看到 30 天内的所有数据：粉丝数、阅读量、场观、付费人数、关注总数、直播时长、场观来源等。下面逐一列举。

要学会做表格，记录直播间的数据以进行更直观的分析。

直播间重要的数据有在线人数、点赞人数、做了哪些福利活动，包括人数波动时采取了哪些行为，无论是主播说的话，还是当时在抽奖，都要去做记录。

一定要记好接下来的内容：要把每次流量波动对应的是付费流量还是主播说的话术，还是我们的品，都详细地记录下来，这样才能有针对性地复盘。到底说哪些话、哪些品的时候，可以让我们的流量上去，我们做了哪些事之后流量又下来了，每一分钟、每一个行为都要做好记录。下图是全场下单数据＋后台投放数据：

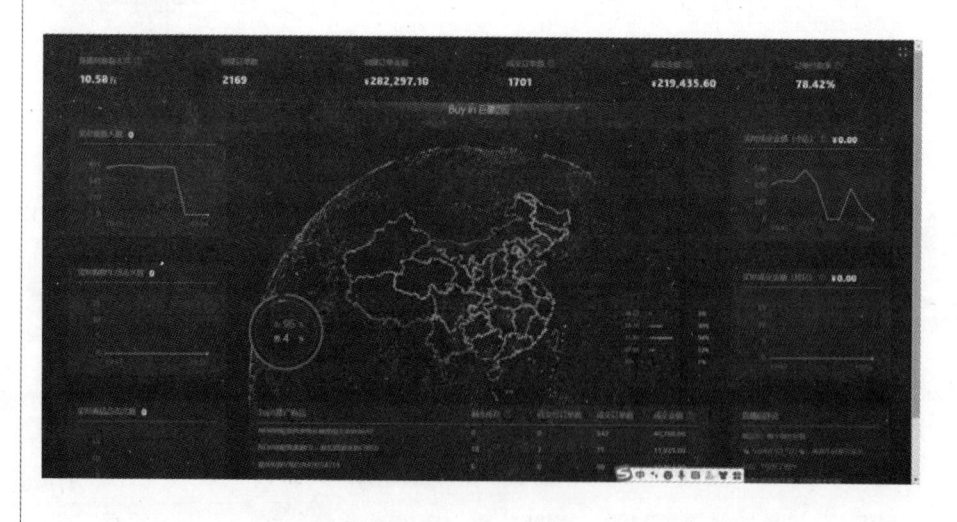

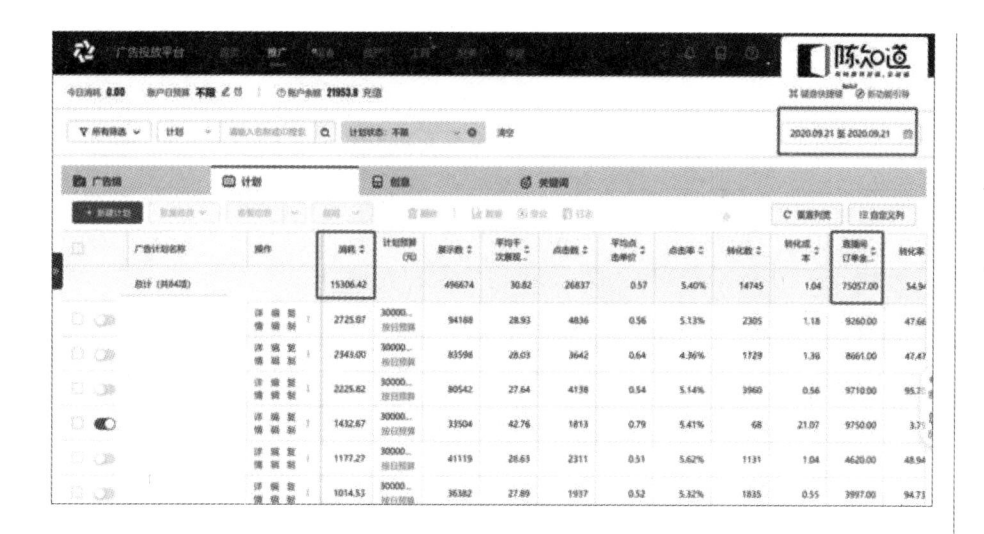

上图是巨量百应实时数据大屏，白色部分是 FEED 投放数据图。

下图是巨量百应直播数据分析图。

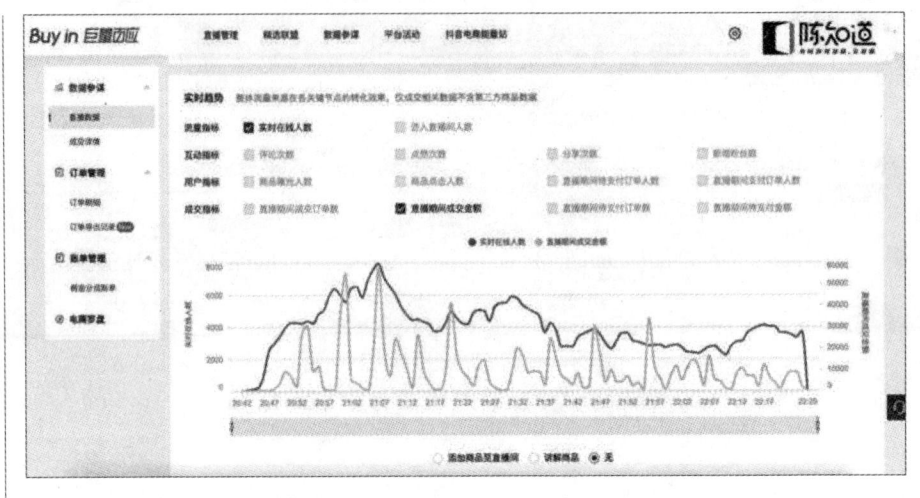

图片来源：巨量百应（截取时间：2021 年 5 月 21 日）

下图是百应后台的整场付费产出比：

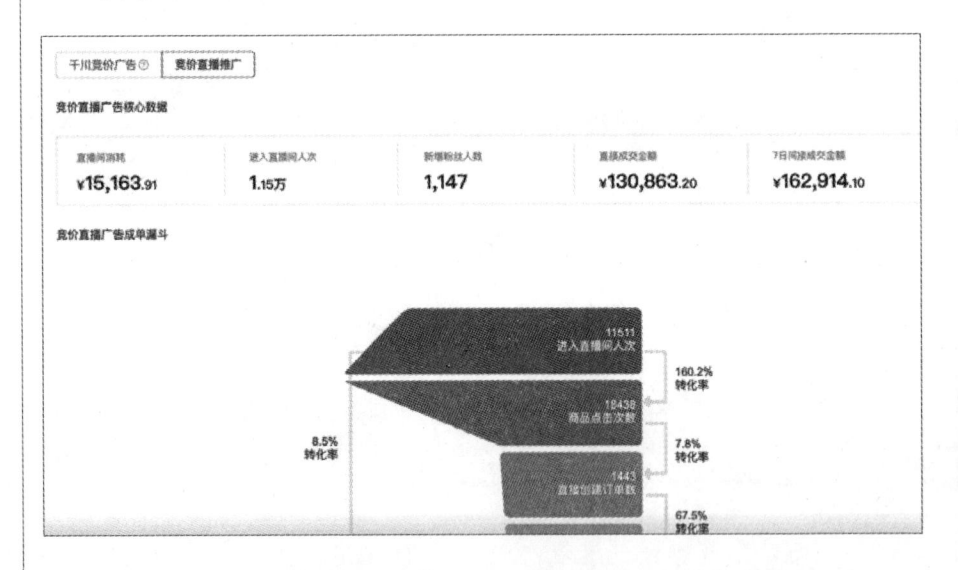

最后分享一下我们做复盘的表格，看看复盘的表格都有哪些重要的元素要做记录：

直播后复盘表格示例

总体策划及目标					
场观目标	1~3万				
运营策略	提升场观和账号权重				
投放预算	600~3000元				
GMV目标	3000元				
ROI目标	1:1~1:2				
脚本策略	福利抽奖为主,过品售卖为辅				
直播账号		主播		助播	
XXX		XXX		XXX	
主播话术记录					
时间段	场观目标	场观结果	话术形式	话术目标	话术问题及优化
开场10分钟	3000	1000		停留、互动、场观	1. 卡粉丝灯牌换成加粉丝团。2. 人少的时候,新进来的宝宝点名欢迎。
10~20分钟					
30~60分钟					
中控配合方式					
引流款	1个	普通链接/闪购	低价9.9/吊牌价799		
福利款/利润款	2个	普通链接/闪购	低价19.9/吊牌价1299		
投放目标与执行					
投放目标	投放时间	投放结果	投放费用	投放形式	
场观	开场30分钟	1000人	600	DOU+直播间/福袋/FEED	
成单	开场30分钟	1000元	XXX	FEED	

(一)总体的策略及目标

在开播前,这个复盘的表就已经建好了。针对这场直播的总场观和运营的策略,我们要有一个预期,通过预期去进行投放预算的设定。比如说投放的预算在 3000 左右,那 GMV 对应的是 3000,这场下来是 1:1 的数据,肯定是赔钱的,可能还处在直播间的初期阶段。

脚本的策略就是以福利抽奖为主、过品销售为辅,这个还是在初期直播间的策略。直播账号是谁、主播是谁、助播是谁,都要进行记录。

(二)主播话术记录

在直播前已经准备好脚本话术,在直播的过程中,根据流量的节奏不同,话术肯定会有不同的发挥。所以要每 10 分钟、每 20 分钟、每 30 分钟进行记录,场观的目标是多少、实际是多少?话术的形式是点赞、互动、留人、还是加关注？话术问题有哪些、怎么去优化？这些都是我们在复盘的时候需要填写的。

（三）中控配合方式

一定要记录每一个节点直播间上的是秒杀款、福利款还是利润款，我们上了几个库存，包括是普通链接还是闪购链接，都要做好记录，这样对应销售额的时候，才能知道是哪个环节出了问题。

（四）投放目标与执行

在开播前，就要有总体的预算和目标，那么在具体执行的过程中，一定要记录下来。举个例子，比如投千川还是投随心推，投放的目标是观看、成单、点击还是涨粉互动。

记录了投放的目标之后，投放的时间是开场的第几分钟也要记录好。要看投放完半小时之内流量来没来，来得快还是慢，都要仔细地做记录，以便下次制定计划和执行的时候用于指导。

投放的结果也要记录下来：投了多少钱，投放的形式是豆荚、FEED、福袋还是千川。

复盘就是要把直播间所有前、中、后期的数据都记录下来，让主播和所有工作人员看每场数据，进一步优化直播间。这虽然很烦琐，但只有极致精细地做好每一个细节，才能铺垫出一条日销百万的康庄大道。

小结

通过上面几章内容的学习，我们了解了平台的规则，有了自我约束，而不致去触碰平台的底线；了解了开播前有哪些准备工作，能够使直播顺利进行，减少意外的发生；知道了主播应该拥有什么样的心态并且保持这样的心态；还系统学习了方法和技巧，能够快速且准确地针对产品写出强有力的产品介绍和直播话术脚本，能够灵活运用话术模板让用户主动地与我们产生互动并下单；还学会了怎么选品、怎么合理地运用不同的产品去为直播间服务；也接触了一些初级的运营知识，使主播更好地和团队小伙伴配合，达成我们日销百万的目标。

最后给大家分享一下我们如何通过本书里提到的内容，打造出稳定月销两三千万的账号。

斯斯，从 2020 年底开始做直播带货，因为之前自己的工作经历和环境，定位到女装带货直播。目前每天直播 1~2 场，销售额每天稳定在 80 万~100 万，月销售总额达到了 3000 万。

近期直播（92） 2021/07/16-2021/10/13						
身高155体重82斤教小个子学穿搭，让... 2021/10/04 08:58 4小时15分钟	1034	3142	¥434,586.11	11.79万	详情	大屏
身高155体重82斤教小个子学穿搭，让... 2021/10/03 09:01 5小时58分钟	6495	9412	¥1,367,847.81	34.2万	详情	大屏
身高155体重82斤教小个子学穿搭，让... 2021/10/02 08:41 5小时18分钟	3708	7460	¥1,006,925.57	23.11万	详情	大屏
身高155体重82斤教小个子学穿搭，让... 2021/09/30 08:46 5小时13分钟	3051	5512	¥557,484.61	23.16万	详情	大屏
身高155体重82斤教小个子学穿搭，让... 2021/09/29 08:20 6小时39分钟	6741	1.14万	¥1,184,902.37	40.88万	详情	大屏
身高155体重82斤教小个子学穿搭，让... 2021/09/28 08:41 1小时53分钟	548	1332	¥239,176.8	6.09万	详情	大屏
身高155体重82斤教小个子学穿搭，让... 2021/09/27 08:32 4小时27分钟	2862	4139	¥687,947.4	17.7万	详情	大屏
身高155体重82斤教小个子学穿搭，让... 2021/09/26 08:17 5小时42分钟	6991	8877	¥1,480,932.9	32.92万	详情	大屏
身高155体重82斤教小个子学穿搭，让... 2021/09/25 08:26 7小时33分钟	1.25万	1.6万	¥2,625,676.07	46.17万	详情	大屏

图片来源：汶峙直播（截取时间：2021 年 10 月 4 日）

这个账号我们主要是以短视频的流量为主。从 2020 年我们就开始做短视频，因为通过短视频种草后的用户，到直播间的转化率更高，用户是直接冲着产品来的，能够大大降低直播团队的压力。

通过批量发布多个产品的短视频进行测款，找出爆款产品后，集中在这个产品进行输出。直播间 80% 的时间讲这个爆款产品，其余 20% 的时间用来测试新的潜力款，维持后续爆款产品的持续输出。直播期间的引流短视频也主要就这个产品来制作，使用统一的模板，按不同的场景、不同的展示效果进行批量复制。

除了短视频以外，我们还用到了付费加热短视频和付费加热直播间。双管齐下，给直播间灌入更多的精准流量，前期快速地把直播间的标签定位到我们想要的人群。账号稳定后，后期我们逐步降低了付费的投放，但是短视频一直没有放松。通过这样的方式，我们现在每天的短视频流量占比都维持在 30%~40% 左右。账号有了一个良性的发展。

短视频如何推爆呢？这里有个技巧可供大家参考。前期我们准备了 10~20 条短视频，用了不同的视频结构，然后批量投放了 1000 块钱，最后选出了完播率比较高的视频。如果完播率达到 25%，按我们的经验，就认为这个短视频具有爆款潜质。接着，把这个视频选出来再投 1000 块钱，直接投视频引流到直播间，再去看后台的点击率和转化率。如果点击率达到 12%，转化率在 10% 以上，那么这条视频就完全可以打爆。

同时我们也很注重后端的维护，带货的口碑分一直维持在 4.95 分以上，给用户更好的消费体验，因此我们有了很多忠实粉丝，粉丝消费占比每场都能维持在 50% 左右。好的口碑决定了用户的复购，复购才是最强的消费力。

类似这样的案例我们还有很多，不同的打法都能做出很好的成绩。在这里我就不多赘述了。

附录：平台规则
抖音官方主播规范

直播行为规范：

为加强直播内容的管理，抖音及抖音火山版（以下合称"平台"，分别指代时称"各平台"或"抖音""抖音火山版"）运营者北京微播视界科技有限公司（以下简称"公司"）特制定《直播行为规范》（以下简称"《规范》"）对主播在直播中的行为进行规范，给平台用户提供一个绿色、健康、文明、积极向上的直播及互动环境。主播开展直播活动除应遵守相关法律法规、部门规章制度的规定以及《"抖音"用户服务协议》《"抖音火山版"用户服务协议》《直播主播入驻协议》的约定外，还应当遵守《规范》及平台已发布及未来不时发布的其他相关规则，本《规范》为《直播主播签约协议》的有效组成部分。

一、总则

主播开展直播活动必须遵守《规范》，如主播发生违规行为，平台有权视情节严重程度，根据本《规范》列明的违规行为及其相应违规等级对主播实施相应的处罚。若主播使用了平台的账号升级服务、同一账号可同时在抖音、抖音火山版开播的，则公司基于主播在其中任一平台的违规行为所实施的处罚均将同时在另一平台生效。

二、规范要求以及相应处罚

平台依据主播违规行为严重程度，将其违规行为划分为三个等级，并对应三个级别的处罚措施：

一级（严重违规）：

1. 反对宪法所规定的基本原则的；

2. 危害国家安全、泄露国家秘密、颠覆国家政权，破坏国家统一的，出现涉军事秘密和军警制服类信息，或穿着国家公职人员制服直播的；

3. 损害国家荣誉和利益的，或调侃革命英烈、革命历史的；

4. 煽动民族仇恨、民族歧视，破坏民族团结的；

5. 破坏国家宗教政策，宣扬邪教和封建迷信的；

6. 散布谣言、扰乱社会秩序、破坏社会稳定的，妄议国家大政方针、炒作社会敏感话题的；

7. 散布淫秽、色情、赌博、暴力、凶杀、恐怖或教唆犯罪的，包括但不限于：

（1）血腥暴力内容，虐待小动物等，捕杀国家保护动物；

（2）与赌博或涉嫌赌博有关的任何活动，以及宣传赌博网站；

（3）危害自己或他人安全，包括：血腥自虐、自残、自杀、殴打他人、威胁他人生命安全；

（4）展示管制刀具、枪支（包括仿真枪）、毒品等违禁物品，表演或介绍吸毒过程、违禁物品制作过程与方法。

8. 侮辱或诽谤他人，侵害他人合法权益的；

9. 含有法律、行政法规禁止的其他内容的，组织、宣传、诱导用户加入传销（或有传销嫌疑）机构的；

10. 未成年人直播、冒充官方、非本人实名认证开播。

对于发生一级违规的主播，平台将永久封禁主播账号或永久封禁开播，并保存相关违法违规资料。

二级（中等违规）：

1. 直播内容带有性暗示、性挑逗、低俗趣味的行为，包括但不限于：

（1）刻意抖胸、挤胸、抚摸敏感部位、下蹲抚摸大腿、模仿性交姿势等低俗诱惑动作；

（2）展示或使用类似性器官物体进行低俗互动；

（3）涉及敏感部位的低俗游戏类游戏，如隔空取罩、高山流水、背人上楼等；

（4）口述色情行为、模拟色情声音、传播低俗段子；

（5）镜头长时间聚焦敏感部位；

（6）演唱、播放带有色情、性暗示的音乐及伴奏。

2. 直播内容荒诞惊悚、影响社会和谐，包括但不限于：

（1）制造、传播鬼怪等灵异猎奇行为，如开棺、盗墓、墓地探险等；

（2）生吃活物、腐肉、吞异物等惊悚表演；

（3）直播斗殴等影响社会和谐的内容。

3. 直播中公开募捐，或直播私下慈善行为；

4. 展示千术、赌术；

5. 展示行医行为、销售药品等任何关于医疗的直播；

6. 直播未经授权的、未备案或含有低俗暴力内容的影视剧、电视节目、电台节目、游戏；

7. 直播宣扬伪科学、违反公序良俗的内容；

8. 直播中进行侵害或涉嫌侵害他人合法权益的行为，包括但不限于：

（1）泄露他人隐私或个人资料，转播给他人造成损害的不实报道；

（2）讨论他人是非或鼓动用户讨论他人是非、挑起事端；

（3）诋毁、谩骂他人等攻击性行为。

对于发生二级违规的主播，平台将根据违规情节给予警告、断流或封禁开播权限（1天到永久不等）等处罚。

三级（一般违规）：

1. 着装暴露低俗、妆容不雅、语言低俗，包括但不限于：

（1）男性赤裸上身直播；

（2）女性胸部、背部、大腿裸露过多，或穿着诱惑性制服、透视装、不雅服饰等，或裹浴巾直播；

（3）衣衫不整、裸露内衣裤、内衣肩带等；

（4）在身体各部位画低俗图像、写低俗色情文字，大面积裸露文身。

2. 在直播中进行开车、抽烟、喝酒等危害生命健康的行为；

3. 恶意发布广告，展示联系方式或以任何形式导流用户私下交易；

4. 直播攀岩、跳伞、口吞宝剑等危险行为；

5. 直播间图片、文字、昵称、头像、背景等含有违规内容，包括但不限于：

（1）低俗色情、血腥暴力内容；

（2）侵犯版权、广告等其他违规内容。

6. 投资类直播，如讲解或引导投资房地产、股票、基金等；

7. 直播中存在长期静态挂机、播放个人或他人直播视频回放等行为。

对于发生三级违规的主播，平台将根据违规情节给予警告、断流或封禁开播权限（1天到1周不等）等处罚。

三、附则

1. 除非《规范》另有约定，《规范》中用语与《直播主播签约协议》具有相同含义。

2. 用户同意，在具体违规行为对应的处罚区间内，平台有权视违规具体情形及平台管理需要确定具体处罚结果；如用户二次（含二次）以上违规的，构成加重处罚情形，平台有权提高违规级别、按照更高级违规处罚方式进行处罚。

3. 平台有权在必要时单方修改《规范》内容，相关内容变更后，如果主播继续开展直播行为，即视为主播已接受修改后的相关内容。如果主播不接受修改后的相关内容，应当停止直播行为。

高频违规问题规则解读白皮书

一、无相关性

相关性定义：

商品在分享内容（视频）中出现的部分，与第三方商品平台展示信息需具有关联性。

以下行为属于违规：

所分享商品未在视频画面中出现：如视频中分享饮料，购物车商品为女装外套；

视频内容与商品实物不符：如视频展示牛奶插画，购物车商品为牛奶实体商品；

直播画面长时间无真人出镜：如仅以录屏或挂播形式进行商品分享。

二、虚假宣传

虚假宣传定义：

平台规则所禁止的虚假宣传包括但不限于用户对所分享商品的信息及各项参数进行虚假／夸大描述，对商品效果过度承诺，进行效果性宣传，发布虚假活动信息或恶意贬低第三方或第三方产品等可能导致用户对产品／服务的真实情况产生误解的行为。

以下行为属于违规：

用户所宣传的商品款式、样式、颜色、图案、材质、形状等与实际商品不相符属于虚假宣传。

例如：

视频内容中分享红色的外套，购物车商品为绿色的外套；

视频中分享商品的包装与购物车商品的包装不一致；

视频中宣传商品材质为头层牛皮，实际的商品材质为二层牛皮。

以任何原因虚构原价和降价原因，使用全网最低价、政府定价、极品价等其他用户无法做出比较及参考的价格表述进行宣传。

非特殊功效化妆品宣传特殊功效化妆品功效、普通食品宣传医疗保健功效等，或进行效果性保证或承诺、以违背常识夸张演绎的形式演示商品效果。

在分享商品的过程中，宣传养生、保健或治疗等相关专业领域信息，如宣传产品具有祛湿、排毒、治痛经等功效、抑制/阻断黑色素等关键词。

在口播、视频字幕、购物车/视频标题中使用"国家级""全国第一""绝无仅有""顶级""第一品牌""最佳"等《广告法》中的禁用词汇，都不可以。

重要提示：

【祛斑、修复】涉嫌宣传绝对化效果，建议避免。

【消炎】涉及医疗效果。

【红血丝】涉及医疗，建议避免。

【美白】可以宣传，但要在直播间或者商品详情页展示特化证，建议直接上传到商品页面，如果没有特化证不可以介绍美白功效。

【专利、明星代言、第三方授权】须在直播间展示专利证书、授权文件，或上传在商详页中，否则建议避免。

常见 Q&A

Q：什么是特殊功效化妆品？

A：商品本身在国家药品监督管理局进行备案，并持有"特殊用途化妆品备案证明"的商品，才可以宣传商品为特殊用途化妆品，一般分为以下几种：如育发类、染发类、烫发类、脱毛类、美乳类、健美类、除臭类、祛斑类。

Q：什么是非特殊功效化妆品？

A：除特殊用途化妆品以外的化妆品，一般该类化妆品具有以下功效：如起到保护及营养、美容修饰及芳香等作用。

Q：非特殊功效化妆品可以宣传"美白"功效吗？

A：不可以，仅具有清洁、去角质等作用的产品，不得宣称美白增白功能。

Q：可以在分享商品时宣传医疗保健效果吗？常见的违规场景有哪些？

A：以下功效在商品分享时，建议避免。如：排毒、祛湿、养肝/肾、壮阳、养气血、减肥等。

Q：如何理解效果性宣传？

A：为了表达商品效果好，而宣传 X 天可以达到怎样的效果，属于效果性宣传，每个人的使用感受和效果都不尽相同，过度承诺很有可能会被判定为虚假宣传。

温馨提示：

达人不得对未销售过的商品使用"原售价、成交价、折"等类似推广，误导消费者认为该商品有成交记录；

原价有明确的法律定义，误用可能构成价格欺诈或侵害消费者权益，故平台不鼓励达人在直播推广、视频、商品标题、图片及其他商品宣传中出现"原价"描述；

若出现使用"原价"进行宣传的情形时，达人需保证其宣传内容已核实无误，有明确依据及合法合规的理由。

原价的定义：指具体商品或服务的经营者在本次促销活动前七日内在同样交易场所或以同样交易方式成交，有交易票据的最低交易价格。

三、专拍链接

违规专拍链接定义：

指商品详情页未对商品形状、质量、参数等进行准确描述，仅以秒杀链接、专拍链接、邮费链接、价格链接、福袋等形式进行违规销售。

注意事项：

不得发布基本信息（包括但不限于商品属性页不完整、商品类目 / 型号 / 颜色 / 尺寸 / 及其他商品属性介绍不完整）缺失的商品；

以颜色、尺寸、系列等属性为主要组合形式，不得将跨品牌、跨类目、跨系列等无关联商品绑定在同一 SPU 下；

如涉及套盒包装的商品，需在 SKU 信息中清晰展示说明套盒内商品明细内容；

不得刻意发布规避信息，如利用 SKU 低价引流、以非常规的数量单位发布商品等。

注：SPU：英文全称为 Standard Product Unit（标准产品单位），是商品信息聚合的最小单位，是一组可复用、易检索的标准化信息的集合，该集合描述了一个产品的特性。

SKU：英文全称为 Stock Keeping Unit，简称 SKU，定义为库存控制的最小可用单位，例如纺织品中一个 SKU 通常表示规格、颜色、款式。

四、站外引流

导流行为定义：

发布站外导流内容，包括但不限于微信号、二维码等。

以下行为属于违规：

发布站外导流内容，包含联系方式或以任何形式引导用户私下交易【包括但不限于：第三方平台水印、发布任何渠道的联系方式（包括但不限于 QQ 号 / 群、电话、微信号等）、引导其他用户私下交易，或引导其他用户直接前往第三方商品平台进行搜索或购买】。

五、不要使用广告法禁用的广告词

广告法禁用的广告词主要包含但不限于"最""一""级/极""首/国"及其他极限词汇。

不要使用上述词汇进行商品宣传（包括形容商品的功效、成分、品质、价格、市场地位等）。

常见的违规案例：

"宝宝们！今天给到大家的价格真的是全网最低价了，错过这个村儿就没这个店儿了！"

"这款产品采用最先进的工艺技术、独家秘方配置，是国家级优质产品。"

分析：在没有明确数据来源的情况下，介绍商品销量全网第一。

（当提及销量等数据时，直播中须同步说明：数据来源、提供数据的机构、数据统计时间、统计的具体类目）

六、不要宣传伪科学，无事实依据随意断言

常见违规案例：

把皮肤的大分子打散为小分子，让精华吸收得更快更深层。

修复破裂细胞，促进细胞再生。

喝了八宝茶之后能帮助你治疗便秘，消除肚子大的烦恼，快速减肥瘦身。

七、不要宣传封建迷信

常见违规案例：

这款商品放家里可以逢凶化吉保平安、转富招福，保佑你万事平安。

这款商品嘴含金钱，可以提升运气、招财运、发大财。

这款商品可以帮助大家增强第六感、防小人。

八、不要贬低第三方品牌

不得直接表明或展示大众熟知的包装等使人直观知晓为第三方品牌，并传达对其贬低／负面感触等表达或行为。

常见违规案例：

我们这款大衣，和某品牌是一样的款式，材质更优，价格也比他便宜500多元。

我们这款洗面奶比某奶奶的山茶洗面奶更温和，更适合油性皮肤的女生。

规则解读 Vol1-【相关性】

相关性定义： 商品在分享内容（视频／直播内容）中出现的部分，与第三方商品平台展示信息需具有关联性。

为保证用户观看体验，作者插入的商品需与分享内容相关联。商品与分享内容需保持一定相关性，包括但不限于：

所分享商品应在视频画面中出现（如购物车商品为 A 品牌洗发水，视频画面展示商品为 A 品牌洗发水）

商品与分享内容无相关性，包括但不限于：

所分享商品未在视频画面中出现（如购物车商品为 A 品牌洗发水，视频画面展示商品为 B 品牌洗发水）

错误示范：

视频展示牛奶插画，购物车商品为牛奶实体商品；

视频展示迷你（玩具）衣架，购物车商品为普通衣架；

直播画面长时间无真人出镜，仅以录屏或挂播形式进行商品分享，包括但不限于：

（1）PPT、背景布循环播放、短视频轮播代替直播等（如循环播放演讲视频）；

（2）直播内容仅展示一张纸／白板／电脑屏幕／某实物等；

（3）同一段直播内容频繁在多个直播间出现；

（4）直播画面为黑屏或其他静态颜色等无意义内容，通过循环播放录制音频进行商品分享或播放内容为有声小说、音乐、广播剧等；

（5）其他无相关行为。

规则解读 Vol2-【虚假宣传】

达人在通过购物车分享商品的过程中，除了须遵循本条款的相关要求外，同样须遵守《抖音购物车商品分享社区规范》《直播平台商品分享社区规范》的要求。

虚假宣传定义： 平台规则所禁止的虚假宣传包括达人对所分享商品信息及各项参数进行虚假／夸大描述，对商品效果过度承诺，或进行效果性宣传，或发布虚假活动信息，或恶意贬低第三方或第三方产品等可能导致用户对产品／服务的真实情况产生误解的行为。

虚假宣传违规情形，包括但不限于：

小实验类： 使用小实验展现商品效果，但实验本身与所分享商品的效果并无直接因果关系的情形。

吹嘘夸大类： 非特殊功效化妆品宣传特殊功效、普通食品宣传医疗保健功效等进行效果性保证或承诺，以违背常识夸张演绎的形式演示商品效果。

假冒伪称类： 无客观依据进行专利、荣誉、研发团队、销量相关宣传，或无授权借以具有名人效应人物的音频、形象或名义进行商品宣传。

宣传信息与实际不符： 所宣传的商品各项参数信息与实际情况不符。

夸张对比： 以使用产品前后的对比效果为宣传点，明示或暗示商品效果混淆用户感知，传达用户不实的产品效果信息。

虚假活动信息： 利用口播、视频字幕、购物车等位置，发布分享关注领奖品、粉丝免费送等活动信息，但活动信息与实际情况不符。

违规宣传用语： 在分享商品的过程中，宣传养生、保健或治疗等相关专业领域信息。

极限词： 在口播、视频字幕、购物车／视频标题中涉及"国家级""最高级""最佳""全国第一""绝无仅有""顶级"等《广告法》中的禁用词汇。

虚构原价／优惠价／政府定价： 以任何原因虚构原价和降价原因，使用全网最低价、政府定价、极品价等用户无法做出比较及参考的价格表述进行宣传。

不公正性： 通过"贬低"其中一方"夸赞"另一方，以达到宣传商品的目的。

其他法律法规、平台规定禁止出现的"虚假宣传内容"。

温馨提示： 达人不得对未销售过的商品使用"原售价、成交价、折"等类似推广，误导消费者认为该商品有成交记录；

鉴于达人可能无法准确理解"原价"的法定含义，误用可能构成价格欺诈或侵害消费者权益，故平台不鼓励达人在直播推广、视频、商品标题、图片及其他商品宣传中出现"原价"描述；

若出现使用"原价"进行宣传的情形时，达人需保证其宣传内容已核实无误，有明确依据及合法合规的理由。

常见 Q&A

Q：如何理解"原价"？

A：当达人发布包含降价促销的内容时，其所标示的优惠前原价是指具体商品或服务的经营者在本次促销活动前七日内在本交易场所成交，有交易票据的最低交易价格；如果前七日内没有交易，以当次促销活动前最后一次交易价格作为原价。

Q：如何理解"虚假优惠折价"？

A：是指经营者在促销活动中，标示的打折前价格或者通过实际成交价及折扣幅度计算出的打折前价格高于原价。

Q：如何理解"夸张演绎"？

A：通过以超出普通用户认知或违背科学常识的方式，展现商品效果。如："菜刀切不坏的厨房橡胶手套""将油桶裂缝瞬间黏合的胶带"等。

希望各位达人遵守社区规范要求，与平台一起营造绿色、健康的购物车分享环境。

规则解读 Vol3-【化妆品行业虚假宣传】

一、化妆品定义

化妆品是指：以涂擦、喷洒或者其他类似的方法，散布于人体表面任何部位（皮肤、毛发、指甲、口唇等），以达到清洁、消除不良气味、护肤、美容和修饰目的的日用化学工业产品。

日常的洗护产品、彩妆、香氛类商品都属于上述化妆品的范畴，常见商品如下：

基础清洁类： 如洗面奶、洗发水、沐浴露、磨砂膏、牙膏。

保护营养类： 如保湿面霜、护肤水、护发素、身体乳。

美容修饰类： 如粉底液、遮瑕膏、眼线笔、口红、香水。

二、化妆品功效分类

化妆品从功效上又分为"特殊功效化妆品"和"非特殊功效化妆品"，它们分别可以宣传怎样的功效呢？

非特殊功效化妆品

可宣传基础的清洁、补水保湿、镇定肌肤的效果。

如果商品本身含有较多的营养元素，还可以进一步介绍商品的滋养修护功效，如"使皮肤柔软富有弹性"；发膜类的商品还可以介绍"防止干枯断裂"以及"修护发梢"等非特化功效。

特殊功效化妆品

每一类的特殊用途化妆品，都有自己的可宣传范围，明确商品的特殊类别，有针对性的讲解，避免超范围宣传，详情可参考：

育发化妆品： 有助于毛发生长、减少脱发和断发的化妆品。

染发化妆品： 具有改变头发颜色作用的化妆品。

烫发化妆品： 具有改变头发弯曲度，并维持相对稳定的化妆品。

脱毛化妆品： 具有减少、消除体毛作用的化妆品。

美乳化妆品： 有助于乳房健美的化妆品。

健美化妆品： 有助于使体形健美的化妆品。

除臭化妆品： 用于消除腋臭的化妆品。

祛斑化妆品： 用于减轻皮肤表皮色素沉着，达到淡斑/美白效果的化妆品。

防晒化妆品： 具有吸收紫外线的作用、减轻因日晒引起的皮肤损伤功能的化妆品。

三、化妆品虚假宣传

不得超范围宣传：

明示或暗示化妆品具有医疗效果：

化妆品的作用位置一般为人体表层，它的效果与药品以及医疗美容带来的效果有着本质上的区别，所以无论是特化还是非特化，都不可以宣传医疗效果。

常见违规效果宣传： 消炎、止痛、解毒、治疗、加速伤口愈合、修复细胞。在化妆品的宣传中，会存在一些行业的特殊称呼，但很多常见称呼均违反了平台规则以及相关监管条例。

常见违规话术宣传： 药妆、医用、械字号、药字号、医学级、疗效、医学护肤、药物护肤。

非特殊用途化妆品宣传特殊功效：

没有取得特殊用途化妆品资质的商品，不可以宣传特殊功效，否则会被判定为违规。

常见特殊功效宣传： 淡斑、美白、防晒、脱毛、促进毛发生长/防脱、改变发色、美乳、健美类、消除腋臭。

特殊用途化妆品跨类别宣传：

每一类特殊用途化妆品都有自己的可宣传范围，跨类别宣传属于违规行为。

常见违规情形： 仅有防晒类特殊用途化妆品资质的商品宣传美白效果。

不得过度承诺：

在无法提供依据或证明的情况下，承诺X天后可达到XXX效果。

常见违规情形： 无依据宣传"可为肌肤提升锁水力30%"。

使用绝对化用语进行商品宣传。

常见违规情形： 宣传商品可"祛除"斑点、"瓦解"斑点、"祛除"红血丝、"修复"细胞。

过度宣传"平替"概念，以"与商品本身效果无关的非核心因素"作为依据，宣传大牌平替的概念，属于违规行为。

常见违规情形：

仅因A商品与B（知名度较高的）商品为同一生产线，而宣传A是B的平替。

仅因A商品与B（知名度较高的）商品为同一研发团队，而宣传A是B的平替。

四、不正当竞争

恶意贬低第三方

在商品宣传过程中通过"贬低"一方"夸赞"另一方，以达到宣传商品的目的，属于恶意对比行为。

常见违规情形： 达人分享A品牌面霜，却将B品牌面霜扔进垃圾桶。

常见Q&A

Q：什么是特殊功效化妆品？

A：商品本身在国家药品监督管理局进行备案，并持有"特殊用途化妆品备案证明"的商品，才可以宣传特化效果，一般分为以下几类：如育发类、染发类、烫发类、脱毛类、美乳类、健美类、除臭类、祛斑类。

Q：什么是非特殊功效化妆品？

A：除特殊用途化妆品以外的化妆品，一般该类化妆品具有基础清洁、保护营养、美容修饰及芳香等作用。

Q：宣传中如何避免过度承诺？

A：避免使用祛除、修复、瓦解、彻底解决等词汇来形容商品效果。结合语境，可以将上述词汇修改为淡化、改善、促进、有助于、缓解、维稳等。（注：结合具体场景，修复干燥发梢、晒后修复可宣传）

Q：如何判断商品是否为特殊用途化妆品？

A：一般可以在商品详情页— 商品参数模块看到对应参数，在确认商品为特殊用途化妆品后才可以宣传特化效果。

Q：红血丝可以宣传吗？应该注意什么？

A：可以宣传，但需要避免使用绝对化用语进行宣传，同时要注意与商品详情页的宣传点保持一致。

Q：祛痘可以宣传吗？应该注意什么？

A：可以宣传，同时也要注意与商品详情页的宣传点保持一致。

规则解读 Vol4-【违规专拍链接】

达人在通过购物车分享商品的过程中，除了须遵循本条款的相关要求外，同样须遵守《抖音购物车商品分享社区规范》《直播平台商品分享社区规范》《抖音商品分享功能用户信用分管理办法》等规则的要求。

违规专拍链接定义： 指商品详情页未对商品形状、质量、参数等进行准确描述，仅以秒杀链接、专拍链接、邮费链接、价格链接、福袋等形式进行违规销售。

商品不得出现以下情形，包括但不限于：

商品详情页未对商品形状、质量、参数等进行准确描述，仅以秒杀链接、专拍链接、邮费链接、价格链接、福袋等形式进行售卖。

温馨提示：

不得发布基本信息（包括但不限于商品属性页不完整、商品类目/型号/颜色/尺寸/及其他商品属性介绍不完整）缺失的商品；

以颜色、尺寸、系列等属性为主要组合形式，不得将跨品牌、跨类目、跨系列等无关联商品绑定在同一 SPU 下；

如涉及套盒包装的商品，需在 SKU 信息中清晰展示说明套盒内商品明细内容；

不得刻意发布规避信息，如利用 SKU 低价引流、以非常规的数量单位发布商品等。

常见 Q&A

Q：哪些商品属于违规专拍链接？

A：（1）标题中无商品名称；

（2）主图中无实物商品；

（3）未完整填写商品类目及全部商品属性，包括颜色、型号、尺寸及商品其他内容介绍。

Q：专拍链接商品如何整改？

A：明确商品标题、主图，保证商品详情页类目、属性完整正确，不得发布违规禁发商品及相关内容。

规则解读 Vol5-【私下交易及导流行为】

私下交易行为定义： 发布含有明确"私下销售"或"绕过平台销售"意图的内容，包括但不限于 V 我、主页加微、主页有惊喜等。

导流行为定义： 发布站外导流内容，包括但不限于微信号、二维码等。

以下违规情形适用于口播、直播画面、视频字幕、购物车/视频标题（以下统称为标题）、购物车图片等可向用户传递信息的方式。

平台禁止发布涉及抖音平台未接入的第三方平台信息，包括但不限于：发布站外导流内容，包含联系方式或以任何形式引导用户私下交易 [包括但不限于：第三方平台水印、平台名 logo、店铺名称、网址链接、qq 号（群）、电话、微信号、联系方式（含变体）]；

联系方式变体如：V 我 / 看个性签名 / 主页有微 / 主页有惊喜 / 微信小程序 / 二维码等广告信息；

在用户通过商家客服等方式沟通中，引导用户进行私下交易；

以任何直接或间接方式，包括但不限于：通过第三方平台账户、支付宝、银行卡转账等引导用户进行线下交易。

温馨提示：

抖音平台已接入的第三方平台，包含淘宝、天猫、京东、唯品会、苏宁、考拉、网易严选、洋码头。

规则解读 Vol6-【侵权行为】

侵权行为定义： 即在平台内侵犯他人合法权益的行为，包括但不限于冒充他人、不当使用他人著作权/专利权、抄袭搬运等。

侵权行为，包括但不限于：

未经授权发布他人信息，包括但不限于他人的真实姓名、身份证号、电话号码、家庭住址及网络账号密码、财产状况等。

侵犯他人权利，包括但不限于名誉权、荣誉权、肖像权、隐私权、著作权、商标权、专利权等行为。

诋毁、诽谤他人，发布虚假谣言、无事实依据等不实虚假内容给他人造成不良影响。

冒充他人，通过头像、用户名等个人信息暗示与他人或机构相等同或有关联的内容。

盗用其他用户视频或未经授权发布从互联网上复制或收集到的图片、视频或文字等内容，或者通过配音、配字幕、片段拼接等做出侵犯他人知识产权或肖像权等行为。

例如：商品推广者推广或出售的商品及信息包含未经授权的体育赛事/logo、肖像、视频转播等。

复制、剪辑任何时政类、社会类新闻短视频节目。

含其他平台水印（包括但不限于视频四角处含有其他平台水印 logo、视频尾部含有剪辑类工具水印等）。

涉及其他法律、法规禁止出现的侵权内容。

温馨提示：

如分享内容中包含模特、明星，则必须具有相应的肖像使用授权；

如分享内容中使用了背景音乐或背景音效等音频的，应取得音频权利人的使用授权；

如分享内容中使用了任何影视作品及有版权的视频片段，用户需提供相应授权证明，不得未经授权自行剪切、改编电影、电视剧、网络电影、网络剧等各类试听作品。

规则解读 Vol7-【违法违规内容】

违法违规内容定义： 即在平台内推广违禁物品或违法活动信息，或发布平台禁止分享的商品或内容。

违禁物品，包括但不限于：

枪支，弹药，军火及仿制品，管制类刀具，弓弩配件，仿真枪，军警用品，易燃，易爆物品，毒品，用于监听，窃取隐私等设备，色情低俗等其他内容。

违法活动，包括但不限于：

涉及捕猎、贩卖野生动物、赌博、传销、胎儿性别鉴定、推广假冒商品（直播或视频中推广的商品明显涉及出售假冒、盗版）、损毁国旗／人民币等违法恶劣行为。

禁止分享类目，包括但不限于：

涉及任何宣传、引导交易医美整形相关的内容、产品，如（以医学手段、药物、仪器等改变人体外形、色泽或生理功能以达到增强美感目的的治疗等）。

其他违规内容，包括但不限于：

涉及国家领导人、公检法军、国家机关、国徽国旗等形象或词语。涉及社会负面事件、热点事件、敏感事件、红歌军歌、革命烈士等。涉及邪教宗教、封建迷信、反动组织等相关元素。

涉及违法违规、低俗色情、血腥恐怖相关元素。

出现违反公序良俗、社会价值观相关元素，如出轨、家暴、炫富、歧视、引战、抽烟、脏话、整蛊、恶搞、虐待等。

涉及侵害未成年权益、侮辱诽谤等元素。

涉及引导用户至其他平台非法进行组织加盟、发展下线、收取会费等疑似传销性质的违规内容。

涉及其他法律、法规禁止出现的内容。

规则解读 Vol8-【售假违规】

一、什么是推广假冒商品？

推广假冒注册商标商品或仿制品，即未经权利人许可，在出售的商品上擅自使用其商标；或未经品牌方许可，擅自复制、批量生产、销售与该品牌商品高度相似的商品。

二、出售假冒商品，会受到什么处理？

若达人涉及以上违规情形，抖音平台有权单方面判定用户违规性质及适用的处理标准，并对该用户作出进一步处罚。达人应当谨慎选择商品，不得推广假冒商品。

依据《抖音购物车商品分享社区规范》《直播平台商品分享社区规范》《抖音商品分享功能用户信用分管理办法》其中涉及出售假冒商品相关判罚，包括但不限于：

违规警告

涉嫌违规内容直播中断 / 封禁开播 / 永久封禁直播

直播间商品下架

如达人出售假冒商品情况属实，平台有权根据法律、法规之规定移交司法机关。

注：若用户单次违规情节严重，对抖音平台的正常运营秩序造成严重影响，抖音平台有权单方面判定用户违规性质及适用的处理标准，并对该用户作出进一步处罚。

三、售假场景 & 案例示范（包括但不限于）：

a. 不得露出没有授权的品牌 logo 以及名称；

b. 直播间不得遮挡商标售假；

c. 直播间展示的信息包括（视频画面、口述等都属于对商品的附加信息）均不得出现售假行为；

例如直播间展示疑似山寨/售假商品，但是主播口播："实物是双 C，收到的货跟专柜一致，高仿版本。"

d. 引流到其他平台售假的（包括但不限于淘宝、微信以及相关线下交易平台）。

规则解读 Vol9-【常见的商品无法添加原因】

一、商品问题

1. 提示"商品标题包含禁用词'xxx'，请修改或者选择其他商品推广"。您所添加的商品，其商品标题中包含违规词语，请对应修改后尝试添加。

2. 提示"商品所属的类目'xxx'不支持推广，请选择其他类目商品推广"。您所添加的商品为禁售商品，详细规则请参考《禁止发布信息及管理规则》。

3. 提示"商品因 xxxx 被封禁，请进行整改，24 小时后可重新添加"。

您添加的商品被人工审核封禁了，封禁原因可查询对应站内信，24 小时后可重新添加，或者请更换其他商品推广。

4. 提示"商品在直播间因 xxxx 被封禁，请进行整改，24 小时后可重新添加"。

您添加的商品在直播中被人工审核封禁了，封禁原因可查询对应站内信，24 小时后可重新添加，或者请更换其他商品推广。

5. 提示"商品不在【淘宝联盟—内容商品库】内，可去精选联盟查看"。

目前淘宝商品推广，只支持添加淘宝联盟"内容商品库"中的商品，出现以上提示说明您添加的商品可能不在淘宝联盟中，您可以：判断该商品是否加入淘宝客或加入后是否生效（新加入淘宝客需要 24 小时后生效），在淘宝复制商品淘口令，打开淘宝联盟 app，通过弹窗提示来确定商品是否成功加入淘宝客；您也可以打开淘宝联盟 app 搜索商品，若商品已在 app 中，则已加入淘宝客。

在淘宝联盟后台—我的内容任务—内容库查询中，验证商品是否在内容商品库内。

6. 提示"该商品因不符合要求已被平台关闭推广，请更换商品链接重新添加"。

您添加的商品因为不符合平台要求，可尝试更换其他商品推广，详细规则请参考："抖音购物车商品分享社区规范"。

二、店铺问题

1. 提示"商品所属的店铺的动态评分低于淘宝行业平均分，请选择其他店铺商品推广"。

为保证平台良好生态，并持续带给用户更好的体验，达人通过购物车分享商品时，分享商品所属淘宝店铺的 DSR 应当符合准入标准。DSR 代表淘宝店铺的动态评分，从"宝贝与描述相符度""卖家的服务态度""物流服务质量"三方面记录了淘宝店铺及店铺商品的实际情况。

2. 提示"商品所属的店铺等级小于 1 钻，等级未达标，请选择其他店铺商品推广"。

为保证平台良好生态，并持续带给用户更好的体验，达人通过购物车分享商品时，需满足店铺等级要求。目前标准为：淘宝店铺等级至少为 1 钻以上店铺。

常见 Q&A

Q：在淘宝店铺主页查看【信誉】已满足 1 钻级，但添加商品时仍提示"不支持店铺等级低于 1 钻的商品推广，请选择其他商品"，是什么原因呢？

A：在抖音添加商品时，获取到的商品数据为淘宝联盟数据信息，存在信息更新延迟的情况。商家可以通过更新商品标题、图片信息进行激活，然后再次添加商品。

Q：提示"商品所属的店铺动态评分低于京东行业平均分，请选择其他店铺商品推广"。

A：为保证平台良好生态，并持续带给用户更好的体验，达人通过购物车分享商品时，分享商品所属京东店铺的动态评分应当符合准入标准。京东店铺的动态评分，从"商品评价""物流履约""售后服务"三方面记录了京东店铺及店铺商品的实际情况。

Q：提示"商品所属的店铺已被封禁，请选择其他店铺商品推广"。

A：您添加商品的所在店铺因多次售卖禁售商品，已被封禁，请选择其他商品推广。详细规则请参考《禁止发布信息及管理规则》。

Q：提示"商品为高风险商品，商品所属的店铺类型需为自营或旗舰店"。

A：为保证平台良好生态，并持续带给用户更好的体验，针对在平台上分享易出现纠纷的高风险商品（包括但不限于知名品牌商品）需对分享商品的所属店铺类型进行校验，店铺类型仅支持"平台自营"和"旗舰店"类型，知名品牌商品包括但不限于"爱马仕""卡地亚"等。

规则解读 Vol10-【画风低质】

一、规则背景

为避免"低质"内容影响平台内容生态及用户体验，进一步规范用户的商品分享行为，打造有品质的商品分享环境，根据《抖音购物车商品分享社区规范》《抖音社区自律公约》等平台规定，制定本规则。

二、规则内容

1. 夸张演绎

涉及以下特征的视频无法购买 DOU+ 推广，并可能因违反平台规则无法观看：

（1）采用辱骂，殴打等博眼球元素进行剧情演绎。

诅咒类：运用诅咒等语言进行演绎获取流量。

通过重摔、怒砸、剪、砍等破坏的方式博眼球。

通过贬低、殴打、辱骂、虐待等方式博眼球，如："猪都比你强"、下跪、扇耳光等。

通过呐喊、嘶吼、表情过度夸张的方式介绍产品和价格，并引起不适。

通过制造矛盾等方式博眼球，如：黑心老板、你把嘴给我闭上，主播与商

(厂)家现场砍价甚至争执等。

(2) 通过哭喊叫卖，夸张剧情卖惨等博眼球的方式进行演绎。

视频内容故意渲染悲情色彩，运用编悲惨故事的方法博取用户同情。

运用老人等弱势群体角色，通过夸张当前处境引起共情，从而增加销售量。

通过贬低其他方变相抬高自己进行宣传。

视频以工厂倒闭、破产、停工等内容卖惨博取用户同情。

2. 典型案例

(1) 冲突式加戏。

(2) 装病式加戏。

(3) 内讧式加戏。

(4) 离婚式加戏。

(5) 卖惨式加戏。

三、创作建议

符合以下特征的视频将会更受欢迎，获得更多观看：

视频画面

视频中主体人物形象：精神面貌好，气质佳。

视频中主体场景：明亮、干净、整洁（嘈杂脏乱的场景将影响消费者对于商品品质的判断）。

拍摄的画质清晰，画面稳定，避免大幅抖动。

视频内容

(1) 原创性

用户需确保自己所上传发布的视频均为原创内容，不得盗用其他用户视频或未经授权发布从互联网上复制或收集到的图片、视频或文字等内容。

不得通过配音、配字幕、片段拼接等方式，侵犯他人知识产权或肖像权等合法权利。

（2）内容性

视频内容中商品展示丰富，多角度展示商品特点。

视频内容中展示商品试用场景，避免重复单一。

视频内容中包含真实测评，真实反映商品特点。

视频内容形式可包含以下形式，如：口播好物安利类、美妆及其他内容展示类、商品评测类、知识付费类等。

自 2019 年进入抖音电商领域以来，遇到过很多挫折，也收获了很多成功的喜悦。结交了许许多多同行的朋友，有一腔热血却倒在途中，半路退出的；有默默无闻埋头钻研，最后小有成就的。抖音直播带货，我们要走的路还有很长。只要在这条路上，我们就只有选择前进，永不停歇。

在这个行业，我见证过什么都不会的素人小白通过直播带货成为月销千万的优秀主播，改变了自己的命运；我见证过濒临破产的实体店老板和厂家通过抖音直播带货于逆境中翻盘；我见证过地方政府通过直播带货带动本地经济发展，让村民脱贫致富的。抖音直播带货，一切皆有可能！

在这个行业，我看到很多 97 后的优秀人才，有做主播年入百万的，有做投放年消耗三五千万的，也有运营过百个月销售额超千万的直播间的优秀操盘手。包括我们自己，现在在这个行业算是小有名气，更大的原因是乘了抖音直播带货这阵东风。抖音直播带货，现在正当时，你我未来可期！

这个时代变化非常快，永远都不缺机会。眼下，这个几乎没有门槛的机会就摆在你我面前，现在绝对值得尝试。通过自己的学习和努力，让自己的生活变得更美好！

今天，作为一个直播带货行业的操盘手，我写这本书的一个重要原因就是想让更多想进入或者准备进入这个行业的人能快速提升认知，少走弯路，在直播带货的这个大浪潮中不被落下。

这本书不仅适合新手小白，也适合达人主播，更适合老板、工厂、供应链等所有想在直播带货这条路上走得更远的人及团队。

有直播诉求的团队和个人，看完这本书可以快速地进入可上手可实操的状态，学会书中的方法和技巧就可以提高销售额，达到自己的预期目标。

直播带货，不只是个人盈利的行业。为什么这么说呢？因为我不仅把目光放在自己眼前能看到的地方，还放到了很多人看不到的地方。直播带货能够让城市里的人们享受到价格更低、品质更高的水果，同时偏远山区的农民可以向外界售卖在本地市场已经饱和的蔬菜瓜果，各种中小企业可以通过薄利多销维持工厂的运转和持续盈利，大型企业可以通过直播带货获得更大的市场份额。社会的各方面都会因为直播带货近距离地联系在一起，既方便了普罗大众，又促进了快递行业的发展；既拉动了GDP，又促进了社会和谐。

直播带货是一个四方共赢的行业，所以我希望自己能做一个所有想进入这个行业的人的踏板、阶梯。所有有梦想的人，能够通过我陈知道，进入这个行业，爱上这个行业，并在这个行业里获得改变，有所成功。我更希望现在的年轻人能通过直播带货改变自己的命运。

最后，根据个人的一些经历和行业的一些咨询，我认为自目前起，未来五年，国家的一个大策略是扩大内需，那么短视频加直播必将取代图文时代，这也是未来三到五年的一个大趋势。

同时，我写这本书最重要的目的，就是想告诉大家，新时代已经到了，在一个新兴行业刚刚兴起的时候，抓住商机就是抓住未来。我们只有不断地学习和进步，才能不被别人超越，不被时代抛弃！

天行健，君子以自强不息。

与君共勉！

愿每一个新时代的创业团队，都能实现自己的梦想！

陈知道

2021 年 5 月

抖音电商知识手册

陈知道 × 氿峙直播基地

知识要点

账号篇

1. 抖音账号昵称、头像、个性签名可以多次更换吗？
2. 普通账号和蓝 V 账号的区别是什么？
3. 达人资料怎么设置？
4. 账号如何定位？
5. 抖音直播需要养号吗？
6. 账号流量级别怎么划分？
7. 抖音号注销后多久才能实名认证？
8. 抖音账号如何认证？
9. 一个人可以实名认证多少个抖音号？
10. 抖音账号蓝 V 认证多少钱？失败可以退款吗？有效期多久？
11. 如何查看自己的账号是否打上标签？
12. 如何查看自己的账号是否违规？
13. 账号谣言有哪些？
14. 账号同一作品，可以重复发布吗？
15. 账号视频效果不好，能否批量删除？视频如何隐藏？隐藏视频有什么作用？
16. 什么是账号矩阵？账号矩阵怎么做？
17. 矩阵号如何导流、起号？

操作篇

1. 如何进行开播操作？
2. 封面如何设置？
3. 直播标题怎么设置？
4. 话题怎么设置？
5. 同城开关怎么设置？
6. 直播间页面需要哪些设置？
7. 如何查看账号是否违规了？
8. 视频不想让别人下载怎么办？
9. 直播预告贴纸怎么发？
10. 如何隐藏主页关注和喜欢列表？
11. 如何建粉丝群？
12. 抖音粉丝群怎么设置？有什么用？
13. 如何开通小店？
14. 小店开通后，需要设置哪些选项？
15. 创建商品的要点有哪些？
16. 小店常用的营销活动有哪些，怎么设置？
17. 精选联盟是什么？怎么开？常用的有哪几个？有哪些要点？要注意什么？
18. 小店如何高效上架商品、高效发货？
19. 抖店客服用什么工具？主要注意事项有哪些？
20. 什么是巨量千川？怎么开通？还有哪些相关问题？
21. 小店随心推与巨量千川之间的关系是什么？
22. 什么是小店随心推？
23. 投放小店随心推的步骤是什么？可以投放什么目标？

硬件篇

1. 带货直播需要用到哪些设备工具？
2. 直播的灯光有哪些？怎么打灯？
3. 直播间视频有电流杂音或刺耳声，是怎么回事？
4. 直播间电脑配置和数量怎么配备？
5. 直播间镜子有哪些？
6. 直播绿幕怎么用？用在什么场景？
7. 直播间画面模糊、主播显白是怎么回事？
8. 下播后关于哪些设备有哪些注意事项？
9. 直播间投屏的方式和设备有哪些？
10. 直播间需要准备哪些卡牌？

玩法篇

1. 新号高返怎么玩？
2. 开播半小时怎么玩？
3. AB 区间链怎么玩？
4. 直播间憋单怎么做？
5. 复合链接怎么玩？
6. 新号平播怎么玩？
7. 低价转高价怎么玩？
8. 广场流量怎么卡？
9. 直播间粉丝留存怎么转化？

10. 口碑分提升怎么做？

11. 直播间爆款怎么测？

12. 新号场观怎么破万？

13. 直播间福利产品怎么玩？

14. 千川打标签怎么打？

产品篇

1. 直播产品如何选？

2. 直播产品如何介绍？

3. 产品价值如何塑造？

4. 新主播常见的选品误区有哪些？

5. 选品原则及组货策略有哪些？

6. 直播的商品怎么测款？

7. 直播带货有哪些品类，有什么特点？哪些不能卖？

8. 什么是单品爆破？适合哪类商家？怎么卖？

9. 直播间商品上多少款合适？

10. 直播间产品怎么搭配？如何拉高客单价和整场 GMV？

店铺篇

1. 抖音小店开通需要具备什么基础条件和要求？
2. 正确开通小店的顺序是怎样的？
3. 抖音小店如何通过新手期？
4. 一个小店最多能绑定多少个抖音号？取消绑定需要什么条件？
5. 什么是商家体验分？
6. 一个营业执照可以认证多少个抖音号？开多少个小店？
7. 抖音小店常用的工具有哪些？
8. 开通小店后首先要设置哪些选项，是否会有流量倾斜加持？
9. 小店体验分越来越低，该如何提升分数？
10. 为什么上传产品却提示审核不通过被驳回？
11. 自己小店售卖的商品除了自己账号带货，能不能让其他账号推广卖货？
12. 小店商品价格低于运费有哪些影响？
13. 发货超时、揽件超时对店铺有哪些影响？
14. 什么情况下小店会被永久封禁？
15. 正常经营中，哪些常规事项最容易导致店铺违规？
16. 直播的过程中客服工作台叫什么名字，在哪里能找到？
17. 店铺中售卖的商品橱窗图和商品详情页质量的好坏会有哪些影响？
18. 产品链接销量很高时，好评率又太低，是否可继续使用该商品链接？
19. 因商品体验分导致差评时，该怎样避免对店铺整体评分的影响？

流量篇

1. 直播带货分为哪三大主要流量入口？
2. 所有做直播带货的问得最多的同一个问题——我的直播间为什么没有流量？
3. 对于直播带货的个人/商家，用新号直播会不会没有人？
4. 抖音流量池到底是什么概念？每个不同的账号有没有不同流量等级一说？
5. 新号在线人数稳定一段时间后，为什么最近在线人数突然就掉到很少了？
6. 为什么开播时在线人数很高，随着直播时长越往后在线人数越少？
7. 投了小店随心推，为什么没有消耗出去？直播间不进人可能是由哪些因素造成的？
8. 直播间怎样才能获得更多的直播推荐流量？
9. 怎样才能让直播间被推荐上直播广场？如何去卡广场流量？
10. 同城流量有什么特点？
11. 什么是其他流量？
12. 为什么我的账号开播后没有自然推荐流量？
13. 为什么我的每场总观看人数一直突破不了更多、更高？
14. 很久没有直播过的老号，还有没有流量？
15. 哪些因素会影响直播间流量？
16. 投了千川付费为什么没消耗，直播间同样不进人，可能是由哪些因素造成的？
17. 提高转化率有哪些重要指标？
18. 直播间流速是什么意思？

19. 新号如何场观破万？
20. 新号开播后，该在什么时期开始付费投流？
21. 直播场观下滑怎么办？
22. 什么是冷启动期？
23. 关于付费撬动不了免费或者付费压制免费的说法，正确解答是什么？
24. 播放量上不去，是不是被限流了？
25. 什么是DOU+，具体有哪些作用？
26. 老粉成交占比过高会不会影响自然流量？
27. 开播流量的推荐有没有优先级的逻辑和顺序？
28. 新号启动后到底什么样的指标能够让我们快速打通直播广场？
29. 一场直播能不能成功到底取决于这场直播的什么因素？
30. 场观总是往下掉，该怎么办？
31. 直播间的重要数据有哪些？
32. 直播到底要不要拉时长，什么时候才能拉时长？

团队篇

1. 标准型的直播团队需要具备哪些岗位人员？
2. 直播团队每天的工作流程是怎样的？
3. 在招聘主播的过程中，如何筛选出性价比较高且有潜质的主播？
4. 直播带货团队的薪资该怎样分配才是较为合理的？如何制定有效的激励机制？
5. 直播团队中"主播"的重要性有哪些？

6. 自己是老板,要不要招专业的运营人员,直播带货中"运营"的重要性有哪些?

7. 直播带货中,中控人员的重要性有哪些?

8. 对外招聘来的全职主播,怎样才能避免其突然离职的可能性?

9. 公司招了好几个主播却都留不住,到底该怎么办?

场地篇

1. 不同规模的直播间各需要哪些设备?
2. 直播间该怎么搭建?
3. 直播间装修风格调性该怎么设计才更合适?
4. 直播间的场景和场地都有哪些类型?
5. 直播间已经打了很多灯光,但场景还是不够明亮,怎么办?
6. 怎样才能让直播间看起来高档?
7. 什么是直播间的前景、中景和背景?
8. 户外直播场景有什么特点?
9. 为什么直播画面很模糊,有时候还有马赛克以及画面卡顿现象?
10. 直播间场景的重要性以及有什么影响?
11. 直播间灯光该怎么打才能呈现出更好的效果?
12. 怎样快速搭建低成本又显档次的直播间?
13. 什么是沉浸式直播场景?
14. 什么是直播间调性,以及"人货场"匹配度?

账号篇

1. 抖音账号昵称、头像、个性签名可以多次更换吗？

抖音账号昵称、头像、个性签名是可以多次更换的，但是每日有更改次数限制，多次更换会影响抖音账号的权重与系统对账号标签的识别，造成抖音的限流，而且不建议在个人资料页面做站外引流。

2. 普通账号和蓝V账号的区别是什么？

蓝V认证是针对企业的，需要用营业执照去认证，而普通的账号也就是我们的个人号，两者从流量角度来说流量权重都是一样的，一个新号刚开始也都是200~500的基础流量。

蓝V号发营销性质的内容会更容易过审，并且平台对于蓝V号的包容度会更强。对买家来说，你加了蓝V，昵称下方显示了公司的全名，可以增加买家的信任度。蓝V适合线下门店、工厂或以公司的形式展现，而普通账号适合达人。

3. 达人资料怎么设置？

昵称：识别度高、好记、职业属性标签，如：品牌 + 职业 / 产品 = 陈知道（直播电商）、森马潮流女装。

头像：尽量用真人头像 + 产品 / 职业场景，企业可用企业 logo。背景图：尽量用真人头像，企业可用企业 logo、产品展示。

4. 账号如何定位？

(1) 投其所好：你想要什么样的粉丝、这些粉丝都在买什么、爱看什么。

(2) 参考同行：先了解、参考同行的定位方向有哪几类。例如，女装有穿搭类、街拍类等，同行在干吗，有什么优缺点。

(3) 分析自己：结合自有优势，想要传达什么？例如，女装工厂店的优势货源、价格优势，就展示车间、仓库、发货等信息，给粉丝实惠、真实的感觉。

5. 抖音直播需要养号吗？

不需要。

风控：同一网络 IP 下面大量账号注册。怎么避免：一机一卡手机流量注册。

刷同行：你刷的是浏览者的标签，你发布的是创作者的标签。

定标签：200 达人相似跑对标账号粉丝做转化。

6. 账号流量级别怎么划分？

播放量 200 以下是僵尸号，200~1000 是低权重号，1000 以上是待推荐号，10000 以上是优质号。

7. 抖音号注销后多久才能实名认证？

做好开播准备后，再去绑定你的身份证号。如果发现账号有问题，注销抖音号 7 天后，才能在新号绑定身份证。

8. 抖音账号如何认证？

(1) 实名认证是将抖音 app 升级至最新版本后，在"我"—"≡"—"设置"—"账号与安全"—"实名认证"处进行申请。实名认证是后续开通直播和电商功能必不可少的部分，同时也是提高用户可信度的重要参考因素。

(2) 个人认证是在 app 内"账号与安全"—"申请官方认证"—"个人认证"中进行申请。

(3) 企业认证出现问题怎么办？企业认证问题请关注企业号小助手（抖音 ID：626017402）进行留言咨询，工作人员收到后会尽快进行回复。

9. 一个人可以实名认证多少个抖音号？

一张身份证只能实名认证一个抖音号，暂不支持解绑和换绑，只有注销这个账号才可以释放身份证去实名认证其他的抖音号。温馨提示：被封的账号不支持注销，只有先申诉。

10. 抖音账号蓝 V 认证多少钱？失败可以退款吗？有效期多久？

答：认证费用 600 元，认证失败 600 元不退，有效期一年。

11. 如何查看自己的账号是否打上标签？

第一步：打开巨量百应后台并登录你的达人账号；

第二步：点击"基础设置"里面的达人广场；

第三步：点击进入直播主页，最后查看你的内容类型及你的账号标签。还没有给自己的账号贴标签的小伙伴，你想知道怎么给自己的账号贴标签吗？

第四步：可以投放一单 DOU+，选择系统推荐，消耗完毕后查看 DOU+带来的粉丝画像，如果都是你需要的就打上标签。

12. 如何查看自己的账号是否违规？

以下操作步骤："我的"—"顶部三条杠"—"设置"—"反馈与帮助"—"使用攻略"—"账号违规记录查询"—"开始检测"，就可以看到检测结果了。

13. 账号谣言有哪些？

(1) "一机多号"，同一个设备频繁切换不同的抖音号，容易影响账号的流量，被判定为小号作弊；

(2) 同一个 Wi-Fi 下，发布不同抖音号的视频，会影响这些抖音号的流量分发。3G、4G 条件下发布视频的流量比 Wi-Fi 情况下发布短视频的流量高；

(3) "一号多机"，同一抖音号不能在多个设备上登录。

官方解读：正常账号进行以上操作均不会影响流量，但是平台为了打击黑产，会对有作弊行为的账号进行处理。

14. 账号同一作品，可以重复发布吗？

可以，但是需要做简单调整，如更换背景音乐和文案。在直播预告、连爆操作时，就可以这样操作。

15. 账号视频效果不好，能否批量删除？视频如何隐藏？隐藏视频有什么作用？

不建议批量删除，隐藏视频就 OK 了，方便以后对视频账号进行分析。隐藏视频："分享"—"权限设置"—"仅自己可见"；

视频隐藏还有一个重要作用，就是对正在投放的视频订单进行停止投放。

16. 什么是账号矩阵？账号矩阵怎么做？

账号矩阵不是简单地把视频二次裁剪，而是发布在其他账号上。

矩阵号也有分类，有企业矩阵号和个人 IP 矩阵号。例如樊登 IP 矩阵，是不同书籍内容输出的矩阵。

电商矩阵号主要表现为同产品、同品牌的不同人设，不同人设输出不同，例如女装同一品牌，可以有穿搭号、剧情号、品牌号等。

17. 矩阵号如何导流、起号？

(1) 视频文案、评论文案@矩阵小号，提高矩阵小号曝光率；

(2) 主页关注，仅关注矩阵小号；

(3) 直播管理，直接间设管理，管理飘屏；

(4) 直播间上榜，矩阵小号给大号礼物占榜。

操作篇

1. 如何进行开播操作？

手机端：点"+"号，点"去开播"，没有实名认证的，先实名认证。个人号主播要和认证人员相符，企业就不需要。如果个人号认证和主播信息不相符，直接升级企业就 OK 了。

电脑端：打开抖音直播伴侣，点"+"号，选择"直播素材来源"，选择"摄像头"。

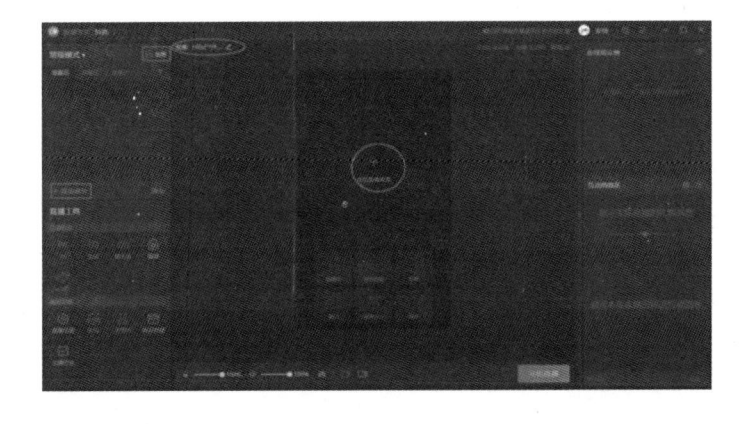

(1) 先用开播抖音号扫码登录，然后调整画面。一般选择竖屏，点击左上角"横屏""竖屏"。

(2) 然后点画面中间，添加"+"或者左边"添加素材"，选择内容根据自己的情况。

(3) 选择"摄像头""图片""采集卡"；顶部可以选择直播类型和修改直播话题。

(4) 画面调整完成后，点击右下角"开始直播"。

2. 封面如何设置？

直播封面是展现在直播广场和同城分享页上的，所以好的封面可以提高曝光率、提高点击率，进入直播间。

封面的图片选择，要和直播间内容相关联，匹配度要高，不然会误导用户进入，并快进快出，跳失率很高，影响直播数据。

封面图片不能违规：服装类的不能性感裸露，活动类不可虚假宣传等，只需要正常的人货场的场景就 OK 了。

3. 直播标题怎么设置？

标题出现的位置在直播推荐画面的左下角。好的标题会提高点击率，增加进入直播间的人数。

分为内容型、营销型、诱导型：

内容型：秋季女装新品上线、交个朋友好物推荐。

营销型：9.9 元秒杀中、苹果手机抽奖中。

诱导型：3000 人正在观看中……你的 20 个朋友正在观看……你的好友正在参与……

4. 话题怎么设置？

直播话题的作用，也是直播间的一个分类标签，话题标签设置好，就能推送到对应人群。

一般结构内容：类目词 + 活动、修饰词 + 类目词，例如女装上新、轻奢女装。

5. 同城开关怎么设置？

打开同城定位，我们的直播间就会推送给同城，获得同城流量。一般来说，卖货直播间需要把同城关闭，因为同城流量来源不精准，多数是为交友来的，和用户不匹配，就会快进快出，影响直播间数据。

如果要做娱乐、交友类直播间，就可以把同城打开。

6. 直播间页面需要哪些设置？

开播前点击"设置"，或者开播过程中点击右下角"..."也可以设置。

直播介绍：就是每位进入直播间的关注，都会在左下角看见。一般写直播的活动、直播优化、直播内容等，让关注者一目了然，知道直播间在干吗。

清晰度：网络好的话，就设置1080P；如果网络不好，就720P；网络一般，或者不好的，就不要设置成1080P高清。要知道，宁可不清晰，也不要让直播间卡住。

直播公告：就是告诉粉丝开播的时间。直播公告也会在主页展示出来。

7. 如何查看账号是否违规了？

任意点开视频左下角，点"举报"，然后任意选项点"提交"。你的消息列表提醒会有一个消息，打开后可以看到是否违规。

8. 视频不想让别人下载怎么办？

点"设置"—"反馈与上传"—"如何上传1~15分钟的视频"，再点击你不想被下载的视频，然后在"设置权限"中关掉允许他人下载完整视频。

9. 直播预告贴纸怎么发？

在视频封面添加直播预告，上传视频时点击右侧贴纸，选择直播预告贴纸，输入你下场开播的时间，再将贴纸移动到你想要的位置就可以直接发布了。用户刷到视频后只需要点击贴纸上的"想看"，就会自动生成直播预约，收到开播提醒。

10. 如何隐藏主页关注和喜欢列表？

打开抖音，"我的"—"≡"—"设置"—"隐私设置"—"关注与粉丝列表"，按钮是灰色的，说明已经关闭了。

11. 如何建粉丝群呢？

首先，"我的"—"服务中心"—"主播中心"—"粉丝群"—"管理"，创建第一个粉丝群，选择设置粉丝群管理，可以选择开放申请，这样粉丝就可以顺利加群了。

12. 抖音粉丝群怎么设置？有什么用？

直播视频可以发布快速通知，有任何新作品、新动态，第一时间系统自动通知粉丝。

粉丝加群门槛，可以自由定义设置，选择你定义的加群条件，比如粉丝团等级，让他们成为你的核心粉丝。

重要信息、群公告等，你害怕重要的事情粉丝会错过吗？有了公告墙通知，群内支持各种活动玩法、红包玩法。

13. 如何开通小店？

注册登录网站 https://fxg.jinritemai.com/ 小店后台，选择开店类型，分为企业和个体工商户。

准备材料：三证合一的营业执照。

资质文件：特殊类目，需要相关的文件资料，具体可在"抖音电商学习中心"内搜索"招商入驻标准"进行查看。

选择类目：根据产品选择类目，提交相关资料，提交申请。平台审核：提交申请后，平台审核资质。

账户验证：实名认证和打款认证。

缴纳保证金：在"资产—保证金"页面点击"充值"，输入充值金额；不同店铺类型、不同类目，保证金数额不一样，退店的时候保证金会退回至绑定账户。

先点"建立"，后绑定主账号，才算正式开店成功。

14. 小店开通后，需要设置哪些选项？

运费险："在商家保障中心"中，点进去勾选上，前期做店铺的时候一定要把运费险开通，后期可以给它关掉。

极速退：在前期起店，极速退是一定要开通的，后期也可以选择性地关闭。

账号绑定：绑定官方账号、渠道号以及签署合同协议。

精选联盟：在"营销中心"中，你店铺所有的商品一定要全都加到精选联盟内，然后佣金设置成 20% 以上。

15. 创建商品的要点有哪些？

商品创建，可以在电脑端创建，也可以在手机端创建。手机端下载抖店app，具体操作很简单，自己实操一下就会了，这里就说一些简单要点：

(1) 商品至少有一张 600×600 尺寸的主图和详情图。

(2) 抖音的商品，主要看直播、视频介绍、活动转化，对主图和详情页要求不高。

(3) 同一个商品，可以复制出多个链接：活动链接和备用链接。做活动的时候，上不同链接：直播违规被下架了的备用链接、评分不好的备用链接。

16. 小店常用的营销活动有哪些，怎么设置？

(1) 优惠券

商品优惠券：限定商品可用。

全店通用券：店内所有商品通用。

优惠类型分为：直减、折扣、满减。

可以公开领取，在直播间发放，或给客户单独发放。

(2) 限时限量（秒杀）

适合场景：希望短时间内销量大幅提升时，可以营造出优惠氛围及稀缺感，有效引导用户快速下单，适用于直播间即时转化场景。

功能亮点：

可实现商品在短期活动中的价格变更，无须修改商品原价。

支持配合直播间短视频预热，在固定时间开始。

商品详情页及直播间购物袋有倒计时等视觉效果，营造限时促销氛围。

还有满减、拼团、预售等活动，可以在"电商学习中心"查看。

17. 精选联盟是什么？怎么开？常用的有哪几个？有哪些要点？要注意什么？

精选联盟是撮合商品和达人的 CPS 双边平台，一边连接作者，一边连接商家。

开通：点击"商家后台"—"营销中心"—"精选联盟"—"立即开通"。

这时商家可自动入驻精选联盟，需要满足以下几点：

(1) 关闭权限次数 <3 次。

(2) 商家体验分 ≥ 4.0 分。

另外，商家必须是正常状态且符合精选联盟的要求。

常用的联盟工具：普通计划、专属计划、定向计划。

普通计划：操作简单，适用于大部分商家，商家设置好佣金后，达人可以直接选品合作；佣金设置必须 ≥ 1%，若下调佣金，于第二日 0 点生效，一次可添加 20 款推广商品。

专属计划：商家和达人在价格和佣金上达成特定的合作，仅指定的达人可以进行推广，其他的达人没有权限进行推广。

定向计划：和专属计划相类似，商家和达人在达成合作之后，在普通计划里的商品设置好佣金力度，单次最多选择 10 个商品，定向计划支持 0 佣金的设置，佣金范围为 0~80%。

18. 小店如何高效上架商品、高效发货？

如果货源是代发，或者在其他平台已经上架的商品，可以在抖店后台"服务市场"使用搬家上货工具，只需要把商品在其他平台的链接复制粘贴就 OK 了，稍微修改点参数，就实现批量上架了。发货软件也可以在服务市场选择打单工具。

19. 抖店客服用什么工具？主要注意事项有哪些？

(1) 电脑端：飞鸽。手机端：抖店 app。

(2) 客服回复时长，是商家店铺体验的考核指标，手机、电脑要设置提醒声音提示。要设置好自动回复和快捷短语，在左侧"客服管理"—"工具设置"—"快捷短语"/"机器人设置"里。

20. 什么是巨量千川？怎么开通？还有哪些相关问题？

巨量千川是巨量引擎旗下的电商广告平台。

自己可以在后台开通，也可以找代理商开通，一个抖音小店只能开一个直客巨量千川账户。一个抖音小店可以找多家代理合作，但每个代理仅能给每个抖音小店开一个巨量千川账户。

21. 小店随心推与巨量千川之间的关系是什么？

巨量千川平台分两种版本：移动端（小店随心推）和电脑端（含极速推广和专业推广两种推广形式）。随心推 100 起投，电脑端 300 起投。

22. 什么是小店随心推？

小店随心推是推广者在移动端推广小店商品的轻量级推广产品，为小店电商场景创作者提供的推广工具。

23. 投放小店随心推的步骤是什么？可以投放什么目标？

步骤：选择转化目标→投放时长→选择定向→选择出价方式→设置投放金额→选择支付方式→完成下单。

投放目标：

(1) 短视频目标：商品购买、粉丝提升、点赞评论。

(2) 直播目标：进入直播间、直播间商品点击、直播间下单、直播间粉丝提升、直播间评论。

硬件篇

1. **带货直播需要用到哪些设备工具？**

不同卖货场景使用的设备工具不一样，这里主要分享适合大部分类目的设备工具。

(1) 灯光

球形灯：光源发散、柔亮；

环形灯：近距离展示，用于美颜补光；

地灯：用于下半身补光。

(2) 手机开播

手机 1 台：建议苹果 11、苹果 12；苹果手机在美颜、光线处理技术上比安卓手机好，安卓手机人物出镜泛白。

(3) 电脑开播

高清直播摄像机、声卡、高配电脑，电脑中安装抖音直播伴侣。

(4) 投屏电视或者手机支架。

如主播不懂流量，建议用直播投屏，没有延迟。

2. 直播的灯光有哪些？怎么打灯？

有主体光、辅助光、轮廓光、环境光。

主体光可以提亮人物的面部亮度；辅助光可以补充人物的阴影部分和暗部区域；轮廓光可以勾勒人物线条，更凸显主体；环境光可以更均匀地覆盖整个环境，使画面更清晰。

3. 直播间视频有电流杂音或刺耳声，是怎么回事？

(1) 一般是声卡接触不良时，会出现电流杂音，或者是苹果手机正在充电。解决方法：扭转接头，调试至最佳状态，直播过程中不要充电。

(2) 手机和声卡间出现了回录，只需要把直播手机音量关到最小就 OK 了。

4. 直播间电脑配置和数量怎么配备？

(1) 直播的电脑：i7- 独立显卡 + 内存 32G + 固态硬盘；高清视频处理耗资源。

(2) 网络用专线，和团队连接的 Wi-Fi 区分开。

(3) 电脑数量 2~3 台，直播电脑 1 台（性能要求高一点），商品上下架 1 台，投放运营 1 台（普通办公用就 OK）。

5. 直播间镜子有哪些？

(1) 服装类：落地试衣镜。

(2) 珠宝首饰类：桌面化妆镜。

(3) 镜面反射直播：对着大镜子直播，可以近距离看手机，不必用麦。

6. 直播绿幕怎么用？用在什么场景？

直播绿幕用于虚拟直播间，配合电脑直播，使用绿幕软件可以任意切换背景，展示产品卖点和使用场景、专场活动介绍。

7. 直播间画面模糊、主播显白是怎么回事？

(1) 画面模糊要看直播设置是否选了 1080P 进行推流；

(2) 主播显白可能是滤镜没有调整好，白皙滤镜关小一点也可能是直播手机和摄像头出了问题。

8. 下播后关于设备有哪些注意事项？

设备充电：直播手机、伴奏手机、话筒等电源设备。很多团队下播后，没有及时充电，第二天开播，发现设备没电了。

设备不要串用：直播间话筒、支架串用后，再次使用时需要花时间调试，而下次开播时，设备调试人员不一定在场。

9. 直播间投屏的方式和设备有哪些？

(1) 直播投屏一体机：很方便，价格小贵。如果做教学分享，要选择可以控制方向类的，普通类目买展示类的就 OK；

(2) 手机投屏显示器：有线投屏、无线投屏。不推荐无线投屏，因为连接麻烦、不稳定、延迟；有线投屏需要购买直播投屏线，并安装手机投屏软件。

10. 直播间需要准备哪些卡牌？

(1) 规格类：尺码卡牌、主播信息卡牌。

(2) 活动卡牌：满减活动、链接活动。

玩法篇

1. 新号高返怎么玩？

目标：直播同出 100 过款客单。

玩法：拍下的额度全部返。

准备工作：100 单现货顺丰包邮，拍下当天发货。

操作：先憋单以去掉羊毛党，再以正价的方式开，拍下后后台打电话加好友，给好评后返现。1 号链接 9.9，无库存，卖点写只送不卖；2 号链接主推返现款，拿大众喜欢的款；3~5 号链接，正价开库存放着。

投流：千川速推版覆盖 500 万人群包，选 30 个同行，300 人进入直播间，300 人点击小黄车，300 条评论，随心推也可以。

2. 开播半小时怎么玩？

目标：冲到在线 2000 人。

原理：在线层级越高，即使掉下来也能处于一个高层级。

开播时间：整点提前十分钟，冲小时榜。

投流：随心推或千川极速推广人气 300，点击 300，选好年龄和性别即可。

话术：憋单话术，比如在整点给大家开一拨大福利，5 分钟开一拨，少量放库存，放完后预告下一拨库存加高继续开，越往后越多。如果人数不够补，就随心推或者千川。只要有转化，5 分钟开一拨，持续开，半小时就能五六拨直接打爆直播间。

3. AB 区间链怎么玩？

操作：1 号链接，低价利益点扣 1，拍一发三；2、3 号链接，价格标得很低，点进去无法购买，卖点写上只送不卖；4 号链接，跟 1 号链接同样拍一发三，图片有所不同。

投流：抖加随心推 300 人气半小时一次投放，投对标 30 个账号。

话术：不能有具体的几号链接引导，自己去小黄车看。

发福袋：指令设置成 111，全屏引导 1 号链接，不要讲解，憋得差不多准备开价之后 4 号弹讲解，30 秒左右放出库存，一直强调 4 号链接，下方小黄车自己去搂。

4. 直播间憋单怎么做？

玩法：憋单，先不放出库存，让观众以为搞优惠活动，价格提前改好，例如 9.9 元，之后要讲明什么时候开，开几个库存，用一张纸写好放在主播后面不停地展示出来，到点后直接放。

款式：A 链接，主推爆款；B 链接，引流憋单款；C 链接，利润款。

过款顺序：A 款先憋单，憋单差不多时按在线人数的 30% 去放库存做转化，迅速过 B 款；用 3~7 分钟稳人，把人数维持稳定后再过 C 款；若 C 款讲解时人掉得厉害，马上过款上 A 款憋单再做转化；如果不能稳住人，就上 B 款降价再憋单拉人。

话术：A 款主打性价比和款式，B 款主打价格和限量。

高端设计（品牌联名款）：款式承接过渡可以用评论区引导主播过款。

投流：抖加随心推 300 人气，叠投自定义，每 10 分钟跟投 100 人气。

5. 复合链接怎么玩？

复合链接，在一个链接中上多个产品。818 之后只能上同一款不同规格的产品，可以上很多规格相同但图片不一样的产品放在 1 号链接。

操作：1 号链接主图用套装图片，把搭配不同规格的产品做到链接里面，低价放出库存，但是与最低价格相同规格的要时不时放出一两单以避免违规，其他规格的正常库存。福袋口令设置"已拍"，飘屏引导去抢其他规格的产品。

投流：抖加随心推投 300 人气、点击，叠投自定义，每 10 分钟跟投 100 人气。

话术：强调价格是做活动才有的价格，引导用户聚焦产品面料、做工，直播间赠送运费险，拍下觉得不好可以无理由退货，拍好扣屏优先发货等。

6. 新号平播怎么玩？

直接开好价格，开好库存平播。

目标：在线 30 人。

操作：早上 4 点、晚上 11 点起号，整场只卖 1~2 款，打爆后再过款，打不爆就换款。下播后配合 DOU+ 不停地发视频去吸粉，每天投 300~500 元。

投流：相似达人抖加随心推 200 人进入直播间，200 商品点击，400 人下单。

场景：轻奢高级，如 LV，色系不超过三种，衬托自己的货。

话术：讲品牌款式搭配，语调放平，口齿清晰，不能有大卖场的感觉，三、二、一讲解开价过款，保持自己的节奏，助播场控逼单。

7. 低价转高价怎么玩？

套装捆绑销售。

目标：客单价拉到 79 元。

操作：上完低价引流款后，介绍套装，采用改价模式或买一送一。

投流：发布垂类视频，抖加随心推投视频加热直播间，找高客单达人去投，200 评论，半小时 1 单，全场 2~3 单。

话术：炸福利的话术，先讲主推款会给大家炸很优惠发福利，无论是主推还是赠送的价值都不低于套装价格，价格不能虚高，尽量贴近实际。

细节：尽量让套装每天都能保持出单 30 单以上或者 GMV 3000 元以上，稳定 5~7 天等价格标签打起来后，再组一个新套装或者直接降低 20% 的价格尝试全场讲一个套装，打爆它。

8. 广场流量怎么卡？

9.9 元跑量玩法。

目标：直播间千人在线。

操作：找一个大众款，一直憋单 8~10 分钟，开价后逼单 2 分钟，直播间人数往下掉时提前补付费，一直疯狂放单，放不出去就换款，有多少放多少，每人限购一单。

投流：抖加随心推 200 人气，200 点击半小时，自定义为女，选择 1~2 年龄段，人数多了补 1 单。

场景：工厂背景，引导卡片，铁人互动，动感的背景音乐。

话术：主要塑造厂家出货，今晚全场消费都由老板买单。引导互动关注，给人造成直播间马上要开播的印象。

9. 直播间粉丝留存怎么转化？

福利款炸停留。

目标：平均停留时长 1 分钟。

操作：粉丝团五级买一送一，5 分钟福袋抽实物，两款引流款憋单 3 分钟，一款承接款放量拉转化，同时预告接下来的引流款和活动。

投流：小店随心推 200 人成交 200 单互动，30 个相似达人，投 1 小时。

话术：节奏要快。第一，拉粉丝团；第二，给大家马上要开奖的感觉；第三，不断预告接下来的活动和要炸的款式。

10. 口碑分提升怎么做？

玩法一是售前联系客户有福利，防止差评；

玩法二是售后签收联系福利，要好评；

玩法三是客服设置自动回复；

玩法四是直播间低客单高好评回馈拉好评。

目标：口碑分做到 4.8 分以上。

11. 直播间爆款怎么测？

视频直播间测爆款。

目标：找到当季爆款。

操作：在蝉妈妈上面找到日销排行榜前三、周销排行榜前三。对接工厂近期跑单量多的拿来三款。同样的场景、脚本拍摄九款产品，自定义投 100 小店随心推投九个视频，看视频播放量和点赞数，直播间每款产品利益点相同，分配时间相同，看商品点转化率，每次剔除三个，每天上新三个轮替。

爆款数据：100块钱播放量破万，或者商品点击率高于20%（在数据罗盘里面看）则可加大力度打爆。

12. 新号场观怎么破万？

引流款拉停留互动，准备两个福利款。

目标：直播间场观破万。

操作：早5点或晚11点播，两款引流商品放在1号、2号链接，3分钟轮流憋单放少量库存，重复多开，福袋红包开播半小时发起来。

投流：抖加随心推300人气半小时，自定义为女，选择1~2个年龄段。

场景：引导卡片活动占1/3画面，主播肢体语言幅度大，动感的背景音乐。

话术：介绍新号做活动的原因，引流款来回拉互动停留，要1的扣1，要2的扣2，同时塑造产品价值，强调是只有今天直播间才有的活动。

13. 直播间福利产品怎么玩？

王炸福利A：赔品，震撼最低价，目标群体人人都想要，每次放单在线人数的10%。秒的过程当中做预告：下一个福利B和福利C人人有份，价格同样美丽，拿出产品展示。（王炸福利A可以准备两款，让用户选择）

补偿福利B：微赔品或无利品，必须是其他直播间验证过的爆品，设置超低价（比A价格高），价值感比A更高，作为A的补偿款；人人都有份，但仅限拍1单。上库存五五上，库存管够。秒的间隙同时提醒点赞到XX开秒A款。

补偿福利C：无利品或微利品，必须是别的直播间已经验证过的爆品；客单比A、B高，数量上买一送一，拍一发三，性价比之王，每次充足放单。

14. 千川打标签怎么打？

(1) 做好数据标签：评论，关注，购物车点击。

千川速推版投 300 人气，300 评论，300 购物车点击，30 个相似达人投放时间 3~5 天。

(2) 做好成交标签：成交，复购，每天保持 30 单的出单或者 GMV3000+。千川专业版投 500 成单多条，行为和兴趣，选自己的类目和关键词连续投 3~5 天，继续做好出单，直播间的标签就会精准。

产品篇

1. 直播产品如何选?

可以根据产品类型分类来选,分为引流款、畅销款、利润款和特色款四大类。

引流款:通常放在直播开场或预热视频引流来维护直播间的人气和热度,价格要有优势和吸引力。

畅销款:为了解决需求和承接流量。有些用户进到直播间,不做任何活动只是为了买畅销商品,所以要性价比高、销量高、大众款。

利润款:顾名思义是为了获得利润,这类产品普遍价格高、质量好。

特色款:这些是为了增加好感度、提高粉丝黏性的商品。

具体到商品款式,需要根据自己的类目,使用选品工具,参考同行款式和价格确定。

2. 直播产品如何介绍？

从产品介绍的八个维度，根据自身产品特点套进去，挑选几个维度，在直播间讲解。

(1) 产品展示：就是让观众大概了解产品情况，属于基础展示介绍。

(2) 产品背书：指明星代言、明星同款、某证书、某专柜、上过什么节目之类等，为的是消除客户顾虑，提高信任，快速转化。

(3) 产品优点：指对比原料、价格、工艺、周期。

(4) 角色扮演：指讨价还价、库存虚构等。

(5) 优惠促销：指产品的满减、秒杀、限时限量。

(6) 粉丝互动：指需求互动、痛点互动、体验互动。

(7) 细节讲解：指材质、构造、包装等。

(8) 消费场景：指场景投屏、手机展示（如骑车拍防晒衣视频、厨房里拍垃圾袋等）。

3. 产品价值如何塑造？

(1) 成本塑造：指产品花费了多少原料、人工、时间等。

(2) 工艺塑造：指手工制作、进口设备及采用的手法、加工工艺等。

(3) 稀缺性：指设计师原创、库存不足、独家资源等。

4. 新主播常见的选品误区有哪些？

(1) 主观式选品（只选自己喜欢的）。

(2) 随缘式选品（选到多少是多少）。

(3) 独孤式选品（商品之间无关联）。

以上三种选品方式很大程度上会导致与账号定位以及粉丝群体属性匹配度

的偏离，从而影响直播间的转化率以及受众接受度。

正确的选品方式应该根据直播间账号定位、以往点击数据、成交数据、受众人群，结合商品特点、卖点、商品卖点关联性，多维度结合，评估选择。

5. 选品原则及组货策略有哪些？

(1) 好商品是长久信任的基础，识别好的商品有利于增强用户的信任度、复购率，同时可有效维护好账号的带货口碑。

(2) 先聚焦、后发散的原则。根据大部分主播直播间的成长路径案例得出，相对垂直的商品类目，更有助于促进带货主播人设的构成。粉丝量以及粉丝活跃度越高，人设越稳定，可以逐渐尝试更多的关联类目进行商品带货。

(3) 根据粉丝画像，结合近期成交过的用户标签需求点，进行选品。

(4) 达人和商家相比，达人的选品和组品更具有扩展性。基于达人原本带货品类的基础上，可作周边相关的组品策略，同时也需考虑产品特点的使用周期性和复购率。

6. 直播的商品怎么测款？

首先要把视频拍好，拍视频的目的就是要测款，付费测试看看视频的点赞、评论是否优质，短视频测款成功就可以引流加热到直播间，做到精准流量来源，同直播间一起打出爆款。

7. 直播带货有哪些品类，有什么特点？哪些不能卖？

品类及特点有：

(1) 服装/饰品/鞋帽箱包/护肤：容易冲动消费。

(2) 食品/家居/日用百货：受众范围广。

(3) 户外/家居，图书/母婴/数码/床上用品：细分垂直领域，竞争小。

哪些不能卖：

(1) 枪支、弹药、军火、武器类。

(2) 国家机关相关用品类（国徽、手铐等）。

(3) 易燃易爆物品及危险化学品类。

(4) 毒品及相关工具类。

(5) 色情、暴力、低俗、情趣类。

8. 什么是单品爆破？适合哪类商家？怎么卖？

单品爆破就是视频、直播间一直卖重复款。一般就是常见的一两款，而且我们看到的销量都不错，就是主打这个商品。

适合的商家：厂家、供应链商家。

怎么卖：单品直播间主要靠素材流量和素材脚本吸引用户，提升转化，不断地去测素材，测脚本。

9. 直播间商品上多少款合适？

有的直播间 1~2 款，有的直播间 5~6 款，有的直播间几十款。

(1) 1~2 款的直播间：做单品爆品，适合工厂及单品优势供应商。单品爆品，越打越好卖，需求标签越来越精准，不断推新用户，不用担心产品单一。这一产品要着重于卖点、需求效果和特定人群，例如汽车雨刷器、万能胶水、暖风机、雨伞、垃圾袋。

(2) 5~6 款的直播间：做活动、拉停留、转正价。适合新号直播间，刚开播的直播间好做数据、拉流量。

(3) 几十款的直播间：流量稳定、走过款、大主播。当直播间流量稳定，粉丝复购率高，粉丝占比高，就可以多上产品，走过款模式，让粉丝买新品了。

10. 直播间产品怎么搭配？如何拉高客单价和整场 GMV？

(1) 福利款正价卖，再送商品 1/2/3。

(2) 福利款调整 SKU，再绑上关联产品，会刺激消费其他产品。比如卖鞋子，多设置一个 SKU，加上几双袜子。鞋子不赚钱，但几双袜子是赚钱的。

店铺篇

1. 抖音小店开通需要具备什么基础条件和要求?

(1) 需持有正常经营的营业执照（个体、企业）。

(2) 特殊类目（食品饮料、美妆个护、酒类及滋补保健等）需要有国家许可质检证书、商标、销售许可资质等。

(3) 个人银行卡 / 公司对公账户。

(4) 手机号码。

2. 正确开通小店的顺序是怎样的?

先开通小店，小店包含橱窗，再补交 500 元的押金就可以了，然后再去认证一个蓝 V。之前开通小店都可以免费认证蓝 V。

注意：错误的方式是先开通橱窗，再开通蓝 V，然后再开通小店。

3. 抖音小店如何通过新手期?

没有度过新手期的，店铺单日总量限制在 1000 单。

三个方法，首先打开抖音小店后台找到店铺设置，然后点击店铺等级，会出现三种验证方式。

第一种：是法人名下已经有了一个通过新手机的店铺，可以直接输入 ID 度过新手期。

第二种：是常用的验证方式，需要提交打包发货视频、客服接线视频商品的库存视频、商品的细节图、照片以及检测报告等资质，还有商标证等资质的证明。

第三种：就是注册小店的这个执照同样注册了其他平台的电商店铺，比如某宝、某东等，通过第三方的店铺链接来验证，从而度过新手期。

4. 一个小店最多能绑定多少个抖音号？取消绑定需要什么条件？

每个小店最多可绑定 5 个抖音号，取消绑定需要满足 180 天才可以。

5. 什么是商家体验分？

商品体验分就是由商家最近 90 天内的商品体验、物流体验和服务态度三个评分维度加权计算出来的一个数据，反映了小店的综合服务能力，其中商品体验占 50%、物流体验占 15%、服务体验占 35%。具体如下，体验分满分是 5 分，最低是 3 分，体验分值的用处有三点：

第一，可以申报参与平台发起的各类带货活动。

第二，可以加入精选联盟，让别人帮你带货。

第三，可以有其他申诉的可能，如果分数低于 3.2 分会被平台终止合作，就是店铺清退。

6. 一个营业执照可以认证多少个抖音号？开多少个小店？

一张营业执照可以认证两个抖音号，一张营业执照只能开一个抖音小店，但是一个人可以注册多个营业执照，只要小店没有停业或被清退，不会关联影响到同一法人的其他小店。

7. 抖音小店常用的工具有哪些？

(1) 选品软件：飞瓜数据、蝉妈妈、抖音精选联盟的排行榜。

(2) 上架产品：妙手、甩手、面兜兜。

(3) 下单软件：小鸭、逸淘；客服就用抖店自带的飞鸽客服。

8. 开通小店后首先要设置哪些选项，是否会有流量倾斜加持？

(1) 运费险：在"商家保障中心"，点进去勾选上，前期做店铺的时候一定要把运费险开通，后期可以关掉。

(2) 极速退：在前期起店，极速退一定要开通，后期也可以选择性地关闭。

(3) 账号绑定：绑定官方账号、渠道号以及签署合同协议。

(4) 精选联盟：在"营销中心"进行勾选，而且店铺所有的商品一定全都要加到精选联盟内，然后佣金设置成20%以上。

9. 小店体验分越来越低，该如何提升分数？

体验分是反映店铺综合服务能力的重要指标，需要对产品质量、物流发货时效、客服（飞鸽）回复速度等多个因素的提升优化，避免差评，做好客服服务等，可有效提高小店的体验分数。

10. 为什么上传产品却提示审核不通过被驳回？

(1) 是否提交完善相关材料（品牌资质、行业资质、授权资质、商品资质及其他相关各类证明材料）。

(2) 检查商品标题是否有诱导词、极限词以及产品功效夸大词。

(3) 商品详情页文图避免第三方平台站外引流字符、国家敏感图文、低俗、侵权、夸大功效字符等。

11. 自己小店售卖的商品除了自己账号带货，能不能让其他账号推广卖货？

商家店铺体验分高于（含）4 分，在小店后台找到营销窗口，进入精选联盟，选择需要推广的商品，建立推广计划（普通计划、定向计划、专属计划等），设置相应佣金，商品即可加入精选联盟被所有达人看到，并选择帮你卖货。

12. 小店商品价格低于运费有哪些影响？

可能会被下架封禁，严重的会被封店。

13. 发货超时、揽件超时对店铺有哪些影响？

会扣除店铺相应的保证金，以及降低店铺体验分，最终影响店铺所绑定的账号，导致限流。

14. 什么情况下小店会被永久封禁？

商家店铺体验分低于 3.2 分，商家店铺上传的品牌资质不符合准入标准中的品牌资质要求，系统会每天校验商家状态，对达到清退标准的商家进行清退。商家符合准入标准后可再次开通精选联盟服务，每个商家开通精选联盟平台服务的次数仅限三次。

15. 正常经营中，哪些常规事项最容易导致店铺违规？

发货或揽件超时、无物流信息、虚假发货被客户投诉、包裹异常、客服接待超时、售后服务不积极、商品标题或详情页有广告法禁用词。

16. 直播的过程中客服工作台叫什么名字，在哪里能找到？

登录店铺后台，网页右上角店铺名字旁找到"飞鸽工作台"即可。如有多个客户售后人员，可设置子账号分流给多个客户工作人员接待。

17. 店铺中售卖的商品橱窗图和商品详情页质量的好坏会有哪些影响？

商品橱窗图质量会直接影响粉丝对该产品的兴趣程度和点击率，是反应转化成交的重要因素之一，低质量、模糊、随拍的产品图文描述带来的是低转化、低成交以及低价格；相反，高质量、清晰美观的产品图文描述，可有效提升点击率、转化率以及成交率等多个指标。

18. 产品链接销量很高时，好评率又太低，是否可继续使用该商品链接？

当好评率较低时，抖音商城推荐权限会有所降低，这也是用户衡量商品质量参考的指标之一，从而直接影响下单成交率，因此需要提前创建新的商品链接。当商品好评率低于平台指定标准（60%~80%）时，可能无法加入橱窗，此商品链接 ID 会被强制下架封禁。

19. 因商品体验分导致差评时，该怎样避免对店铺整体评分的影响？

平台政策更新后，差评改好评的方法已不再有效。提升店铺体验分的办法有：

(1) 提高商品品质（避免中差评）。

(2) 可做好评返现卡与产品同时发出（避免中差评）。

(3) 也可在好评晒图后补发相应礼品（避免中差评）。

(4) 确认收货七天内差评的客户，联系协商退货退款，此差评订单将不计入评分指标。

流量篇

1. 直播带货分为哪三大主要流量入口？

第一入口：自然免费推荐流量（直播推荐流量、直播广场流量、同城流量、其他流量）。

第二入口：付费流量（千川竞价广告、小店随心推/DOU+、品牌广告 TopLive）。

第三入口：短视频引流流量。

可结合以上三大流量入口，分别剖析直播带货中经常遇到的流量问题。

2. 所有做直播带货的问得最多的一个问题——我的直播间为什么没有流量？

先反问平台为什么要给你流量？平台凭什么要给你流量？平台怎样才会给你流量？

抖音是一个去中心化数据算法的平台，是公平竞争的平台，不管什么人卖什么产品，流量都是靠自身努力争取的，每一个流量都是有价值的，而流量的分发同样只会给能够创造价值的直播间。当你的直播间没有产生有价值的数据时，平台就不会给你的直播间推送流量。想要直播间有流量，首先要产生有价值的数据，你的直播间才会有流量。

3. **对于直播带货的个人/商家，用新号直播会不会没有人？**

新号和老号都是同样的流量算法机制。新号和老号相比，在同等的人货场的条件下，新号更有竞争力和爆发力，老号基于有沉淀的粉丝，流量方面要比新号稳定，但是赛道层级竞争力太大，需要具备更强的人货场以及运营手段才能突破。

4. **抖音流量池到底是什么概念？每个不同的账号有没有不同流量等级一说？**

抖音官方有固定的算法来判断给你的视频多少流量，更通俗地讲，就是你发的这条视频，抖音官方让多少人可以随机刷到，这里面就有流量池的阶段区分，下面是详细说明：

第一阶段流量池：1万以内，意思是随机给1万个人以内进行推送，再基于下面四点，如果转发、评论、点赞、完播率达到一定指标，视频将进入第二阶段流量池继续推送曝光；

第二阶段流量池：1万~3万；

第三阶段流量池：3万~10万：

第四阶段流量池：10万~30万。

5. **新号在线人数稳定一段时间后，为什么最近在线人数突然就掉到很少了？**

(1) 带货口碑以及店铺体验分数太低会导致流量限制。

(2) 更换了产品，款式、价格与之前售卖存在太大差异。

(3) 近期 5~10 天的流量存在过山车现象，起伏太大，说明产品与主播状态存在较大问题。

(4) 出现多次严重违规警告被强制下播，或者有诱导性词汇，平台将主播账号纳入风控。

(5) 直播间多项数据近期都不达标。

6. 为什么开播时在线人数很高，随着直播时长越往后在线人数越少？

正常情况下健康的账号开播 10 分钟左右平台都会给予急速流量的推荐，也是考验人货场的承接能力之一。如果没有将流量做到合格的指标，将会影响后面的推流程度。直播前 5 分钟的数据决定后 5 分钟的推流，所以要策划好 5 分钟直播间活动（包括活动设计、互动执行、节奏掌控）。

7. 投了小店随心推，为什么没有消耗出去？直播间不进人可能是由哪些因素造成的？

首先，需要自查带货口碑分是否低于 4.4 分；

其次，自查主播话术是否出现诱导性词汇，是否被风控；

最后，自查直播间整体是否出现低俗、引入不适等画面低劣现象。

8. 直播间怎样才能获得更多的直播推荐流量？

根据不同行业类目、不同粉丝数量基数、不同客单价的流量级别分配，直播的流量推荐逻辑根据有：

点击（曝光点击进入率、商品点击率）；

停留（观看时长）；

互动（公屏扣字、点赞、转粉加团、分享直播间）；

转化（成交订单量、成交金额、成交密度）；

数据达到一定标准，则同样会进入第二阶段流量池。

9. 怎样才能让直播间被推荐上直播广场？如何去卡广场流量？

用 9.9 元跑量玩法。

目标：直播间千人在线。

操作：憋单八分钟，开价三分钟，直播间人往下掉时下播。

投流：抖加 100 人气半小时，自定义为女。

场景：工厂背景，引导卡片，铁人互动，动感的背景音乐。

话术：主要塑造厂家出货，今晚全场消费都由老板买单。引导互动关注，给人造成直播间马上要开播的印象。

10. 同城流量有什么特点？

同城账号最大的特点是，将你的作品推荐给更多的同城人看到。

方法：在发布的时候，选择"推荐给更多同城的人看到"就可以了，同城的房产号、探店号、相亲号都可以这样去做。

11. 什么是其他流量？

其他流量属于不精准流量（泛流量）。

(1) 上一个直播间下播后掉入你直播间的人。

(2) 直播间被分享出去后引进来的人。

(3) 同一个抖音账号授权登录多个平台（比如今日头条、抖音火山版、西瓜视频等）引进来的人。

(4) 通过转送门引进来的人。

12. 为什么我的账号开播后没有自然推荐流量？

(1) 经过多次开播，平台推送的急速流量每次都没有完全承接住和浪费掉，平台也将不会推送急速流量，此时就需要付费采买流量。

(2) 账号很久没有开播了，属于非活跃静默账号，需要作冷启动操作。

(3) 账号带货口碑分太低，在 4.4 分以下。

(4) 账号属于违规账号，信用分被扣除，等等。

13. 为什么我的每场总观看人数一直突破不了更多、更高？

需要对开播流量承接转化各项数据指标与整场平均转化数据指标做到合格或更优，才会突破现有的场观。

主要优化的方向：

(1) 提高 1000 次观看成交金额。

(2) 千川付费介入。

(3) "人货场"优化提升。

14. 很久没有直播过的老号，还有没有流量？

一般很久没有直播过的老号处于静默状态，前几场基本不会有什么急速流量，需要以付费结合福利品活动的方式持续拉几场，保持出单率不低于50~100单，可重新激活账号。

15. 哪些因素会影响直播间流量？

分为"人""货""场"的承接能力：

(1) 直播间画面感、清晰度等，以及直播内容是否吸引眼球。

(2) 直播各项数据是否达到一定合格指标。

(3) 带货口碑分的高低。

(4) 近期是否高频违规。

(5) 产品是否有足够的价值感或者性价比。

16. 投了千川付费为什么没消耗，直播间同样不进人，可能是由哪些因素造成的？

(1) 计划出价太低。

(2) 定向范围过窄。

(3) 口碑分太低。

(4) 直播间有违规行为，或者画面感引人不适，被平台风控。

(5) 视频创意是非原创内容。

(6) 视频素材文字带有敏感字符，不符合推广要求。

(7) 视频清晰度太差。

17. 提高转化率有哪些重要指标？

人气指标：直播间曝光人数、点击进入人数。

商品指标：商品曝光人数、商品点击人数。

互动指标：公屏扣字互动人数、分享直播间次数及点赞、关注加团人数。

订单指标：创建订单人数、成交人数。

18. 直播间流速是什么意思？

流速决定场观。

举例：五分钟流速800，1小时场观16000人。

提升办法：增加流速，提高直播间流量层级，增加留存，提高平均停留时长。

优化点：场景优化、话术优化、转化优化。

19. 新号如何场观破万？

引流款拉停留互动。

目标：直播间场观破万。

操作：早5点、晚10点播，引流款放1号、2号链接，少量多开福袋红包。

投流：抖加300叠投人气半小时，自定义为女。

场景：引导卡片活动1/3画面，主播肢体语言幅度大，动感的背景音乐。

话术：介绍新号做活动的原因，引流款来回拉互动停留，要1的扣1，要2的扣2，同时塑造产品价值，着重强调是只有今天直播间才有的活动。

20. 新号开播后，该在什么时期开始付费投流？

第一种情况：新号开播在"人货场"综合能力都比较扎实的前提下，第一场就可以进行大付费投流。

第二种情况：不管是新号还是老号，"人货场"不具备扎实的承接能力，都不建议付费投流。需要优化好"人货场"后，转化能力提升稳定再介入付费投流才是比较可取的方式。

21. 直播场观下滑怎么办？

第一，换开播时间段去测流量。

第二，在这个新的开播时间段上爆品，用千川去投人气和带货拉新用户的成交数据，播两到三场直播间就OK了。

22. 什么是冷启动期？

一个新账号前几场开播时，会发现直播间的流量很少，一场直播的总场观人数也就200~500人，并且这些流量质量很差。因为是一个新直播间，系统不会把优质与流量匹配到一个能力未知的直播间。初始时只会推送泛流量，泛流量的特征就是非精准用户入群，比如刚注册抖音的用户，同城、关注、没有历史购物记录或低客单群。冷启动期，系统正在学习，什么样的人群会在你这里停留购买，你的账号对系统来说是一片空白，它不知道你这个账号到底要在抖音上干吗，所以系统只是不断地在学习。在这个阶段，如果你能够通过系统给你的推流或者你去采买一些精准流量，这部分流量在你的直播间产生停留、购买成交，那系统就会给你打上标签。

23. 关于付费撬动不了免费或者付费压制免费的说法，正确解答是什么？

付费流量推人进直播间节奏很快，就像极速流量一样，一下子灌进来，很多直播间承接不够好，这个时候就会出现这种情况，你的场观增加了，但是你的停留、互动转化指标相比原有的自然流量更差了。

系统推流算法会根据你的直播间数据指标来比较你和你自己、你和同行的直播间，因为你的指标差→排名下降→直播推荐减少，所以获取到的自然流量就更少了。

总结一下：投了付费—承接不好—数据更差—推荐减少，就不会撬动免费流量。反之，来的流量承接住了，转化好了，数据好了，流量就来了，也就是说，付费完全是可以撬动免费流量的。

24. 播放量上不去，是不是被限流了？

账号播放量上不去，点赞很少，你是不是觉得自己被限流啦？如果你没有收到处罚通知，就说明你的账号是没有问题的，可能是因为视频不够精彩有趣。可以多多学习，提升自己视频的吸引力，让更多人喜欢。即使是百万粉大V，也有流量少的时候；即使是官方，比如视频不好也会没人点赞。抖音平台不会对没有违规行为的用户进行任何限流处罚。

25. 什么是DOU+，具体有哪些作用？

抖加是一种加热工具，也就是说，抖加只能助推，它的作用如下：

(1) 前期账号冷启动打标签。

(2) 新账号利用抖加引发羊群效应。

(3) 当优质作品出现的时候，助推获得更大的流量。

(4) 互动率很好，但是自然流量不再推荐，刺激系统二次推荐。

26. 老粉成交占比过高会不会影响自然流量？

是有影响的，如果你大部分都是老粉成交，那说明你的新粉，或者说新推过来的免费流量不成交，或者成交很低。如果系统给你推的新人都不成交，那么系统为什么要给你推新人？它一直给你推老粉，这样的话就会压制你的免费流量。如果起号之后，后期你的老粉成交过高，依然会面对这个问题。所以咱们尽可能通过货品的价格来控制，通过话术来控制，让咱们的老粉成交尽量不要超过 40%。不过，绝大多数情况下一般不会遇到这个问题。

27. 开播流量的推荐有没有优先级的逻辑和顺序？

一般每个账号直播间都是有推流逻辑的，顺序是先推关注的粉丝→同城的人→近期在直播间成交过的人→近期进入过关注/观看直播间的人→近期成交人群的同类潜在群体。

28. 新号启动后到底什么样的指标能够让我们快速打通直播广场？

有两个方面：首先，转化率尽可能高于 20%，越高越好；其次，同时要满足第二个条件，就是订单量，比如第一场成交 50 单，第二场 100 单，或尽量高于这个数，那么第三场就很有可能打通直播广场，而且可能是万人流量池。

29. 一场直播能不能成功到底取决于这场直播的什么因素？

开播前面的 10~30 分钟，决定了你这场直播到底有多少推流，这场直播到底能卖多少钱。为什么这么说？因为抖音里有一个基础推流机制，就是前面你拉的峰值越高，最后掉下来的这个值就越高。打个比方，你前面拉到8000

人,最后掉下来可能会只有 500 人,那么你就在 500 人的情况下持续卖正价商品,就一直卖得动。如果你一开始拉的人数只有 100 人,掉下来之后可能只剩下十几二十个人,你就卖不了多少。所以我们一定要在前面 10~30 分钟快速地把人气峰值拉得尽可能高,这是关键中的关键,至于怎么拉高就看你的"人货场"和主播的直播能力了。

30. 场观总是往下掉,该怎么办?

很多时候是因为咱们的憋单品没有放量,憋单品或者叫引流品没有放什么库存,很多人拿憋单品是用来留人的,但是你始终不放量,就会导致你的转化率很低。由于我们的停留时长一般都是几十秒不到一分钟,所以,这个时候你要把你的转化率和订单量做上去。记住,订单量一定要做多一点,前面 20 分钟左右,要快速让你的订单达到 100 单以上,这样的话后面才会给你持续推流。只要这一场做好了,下一场的数据场观就会比这一场更好。

31. 直播间的重要数据有哪些?

停留时长:45 秒,及格;60 秒,良;120 秒,优。

转化率:场观 500 人,转化率 3.6%;场观 1500 人,转化率 3.8%;
场观 2500 人,转化率 4.2%;场观 5000 人,转化率 5.8%。

转粉率:场观 500 人,转粉率 2%;场观 1500 人,转粉率 3%;
场观 2500 人,转粉率 3.5%;场观 5000 人,转粉率 5.2%。

互动率:场观达标水平(15%~30%)。

UV 价值:低客单价不超过 39 元做到 1 元以上。

32. 直播要不要拉时长,什么时候才能拉时长?

拉时长需要前提条件,第一是在线人数要保持均衡稳定以及主播状态。大多数情况下，免费流量的直播间，绝大多数在线人数都会随着时间的拉长出现人数越播越少的情况。此时一定不要去拉时长，因为平台会对每场直播计算出一个平均数据，数据越差，下一场的流量就会有所下降。而付费流量则不同，可以通过整场付费采买流量，维持在线人数保持稳定，同时也需要具备较强的"人货场"，这样去拉时长就可以达到比较理想的效果。

团队篇

1. 标准型的直播团队需要具备哪些岗位人员？

主播：上镜直播带货。

运营：账号直播运营、店铺运营、选品排品测品、主播话术优化、玩法策划、数据运营。

助播：非必要上镜，负责协助主播带动直播间节奏，控制节奏、话术，补充辅助，逼单催单，活动讲解等。

产品经理：负责产品资源对接、开发，质量把控，筛选提炼，爆品挖缺，根据直播间定位以及主播特性筛选出匹配度适合的产品。

中控：与主播实时互动配合直播节奏，配合主播执行直播过程中各类营销活动，以及逼单和催单，产品上下架、改价，库存管理控制以及订单等事项。

客户售后：售前客户问题解答咨询，售中维护，售后退换货问题处理。

摄影：文案脚本，拍摄，剪辑出成品，具有创作高流量作品以及引流思维。

后期编辑：产品图片后期修图、编辑。

仓库发货：负责打包发货、退换货。

2. 直播团队每天的工作流程是怎样的？

从某种角度来说，直播就是一份事业，事业就要认真对待，每一场直播同样要有所准备。每场直播可分为三个流程：

(1) 开播前准备：本场目的、（运营＋主播＋投放＋中控玩法策划）排品、产品上架、设备灯光调整、主播流程框架话术演练入状态。

(2) 开播中带货：人、货、场，高效配合直播卖货。

(3) 下播后复盘：对本场各岗位人员配合度、状态、直播间节奏、主播的状态、账号数据复盘（流量数据、产品数据）。

3. 在招聘主播的过程中，如何筛选出性价比较高且有潜质的主播？

在行业人才稀缺的当下，优秀的主播必然是非常稀缺，可遇不可求，特别是服饰、美妆领域。主播泡沫化的开价与能力不匹配的普遍情况下，在招聘主播时，除了形象气质硬件条件外，更要注重从主播的沟通语言逻辑组织性、思维发散性、条理清晰性以及表达能力和主导意识等多方面衡量，结合以上几个要素才能确定是否可以培养（招聘）一名优秀主播。

4. 直播带货团队的薪资该怎样分配才是较为合理的，如何制定有效的激励机制？

根据直播带货行业特性（自产自销、品牌店播、商家自播）一般都采取底薪＋销售额阶梯提点的模式（不同行业，利润率不同，对应的团队人员分配也不同）。

提成岗位参考：主播、助播（场控）、运营、投手、中控。

5. 直播团队中"主播"的重要性有哪些？

　　不同品类的主播都要具有行业知识和产品认知专业度，这是最基本的。在直播带货的体系中，主播扮演的角色其实就是专业的销售人员，在某种程度上更是一个富有感染力和掌控全场节奏的演讲者。直播间卖货的过程中同样如此，主播就是"单点"对"面"与粉丝观众的直接沟通者，所以直播间的销售产出也是与主播的综合能力相关联的。

6. 自己是老板，要不要招专业的运营人员，直播带货中"运营"的重要性有哪些？

　　直播带货团队中，除了各岗位人员的配合协作，团队中一定不可缺少的就是负责带领团队的领航者，即运作掌控和制定战略方向、经营管理团队的核心运营人员。运营人员的重要性70%~80%决定了一个直播团队是否可以做出优异的成绩，一个优秀有冲劲的团队必然也少不了一名优秀的运营人员，所以运营人员在直播团队中占据核心的位置。

7. 直播带货中，中控人员的重要性有哪些？

　　中控人员在直播过程中起到中枢作用，实时对产品调整上下架、库存监控管理，更是起到与主播默契协作、营造和带动直播间氛围节奏的作用。在团队作战的当下，各司其职，分工明确，才能发挥出团队更大的效率，所以中控同样是直播过程中不可缺少的人员之一。

8. 对外招聘来的全职主播，怎样才能避免其突然离职的可能性？

　　对平台而言，三天打鱼三天撒网是不符合抖音直播带货调性的。面对主播的流失性，需要营造一个相对愉悦的团队和有效的激励机制，即使这样也依然会有主播突然流失的可能。为了避免主播突然离职，主播的提成可采取余留百分比的方式次月延后发放，并在入职时签署提成延后分月发放和商定离职延后期，在此过程中招到主播顶替才能离职。这样可以保持稳定的直播场次，有效缩短团队的停播期。

9. 公司招了好几个主播却都留不住，到底该怎么办？

很多时候我们招的主播留不住无非有几个原因，首先是我们的号做不起来，主播拿不到提成；还有就是招过来之后业绩还不错，但是主播的嗓子累坏了。健康是每一个人的基本前提，如果业绩还不错，千万要保护好主播的嗓子。可以用排班的方式让主播轮流上，要不然招谁都没用；另外，老板除了用高额的物质奖励来刺激，同时也要在精神方面进行沟通，要注意主播的心理感受。

场地篇

通俗地讲,"直播带货"直播间的场景可以理解为把线下实体产品售卖的场景,通过手机端依托互联网搬到线上,以可实时互动反馈的形式呈现出来,这样就有了直播带货的经济生态。对于没有做过或准备进入直播带货的商家或个人,本节整理了从直播场地的选择到直播间场景搭建等方面遇到的问题。

作为全民直播的时代,直播带货行业又分为中大型直播带货服务机构(MCN)品牌自播、商家自播,同时也有个人玩家的不同大小规模的自播。只要是有产品的商家/品牌/工厂,都想踏入直播带货这片红海。大部分人都以为只要有一部手机、有产品、有主播,就能把直播带货做好。答案是否定的,因为直播带货除要有优质的"人"与"货",而且对"场"地(直播场景)也是有要求的。一个陌生人刷到一个凌乱不堪、光线昏暗、模糊不清的直播间和一个专业整洁、画面清晰、富有美感调性的直播间时,直觉反应肯定会进入后者直播间。所以,接下来我们围绕不同规模体量的直播间所遇到的常见问题,作以下解答。

1. **不同规模的直播间各需要哪些设备？**

    (1) 基础型：电脑 1 台、直播手机 1 部、人物灯光 2~3 盏。

    (2) 中等型：电脑 2 台、电脑直播高清摄像机 1 台、专业灯光 3~4 盏（正面光、背景光、轮廓光）。

    (3) 大型：电脑 3 台以上、专业直播高清摄像机 2~3 台（大景、中景、产品特写）、专业标准色温灯 5 盏以上（正面光、轮廓光、背景光、顶光）、大型显示器（主播参考产品资料题词卡）。

2. **直播间该怎么搭建？**

    直播间由六个区域规划搭建：

    (1) 背景区：形象展示、品牌展示及直播主题展示和推广品展示。

    (2) 中景区：主播讲解区、上身整体展示区、主播操作演示区。

    (3) 近景区：细节与质感展示。

    (4) 待讲产品区：整场直播待讲解产品摆放。

    (5) 灯光区：灯光摆放位置以及安装位置。

    (6) 中控台区：摆放电脑的区域，实时根据主播节奏负责上架产品改价。

3. **直播间装修风格调性该怎么设计才更合适？**

    应根据产品的对标消费群体和产品定位调性来确定装修风格。如果定位年轻群体，装修风格就要符合年轻人喜欢的且有共鸣元素的装修方案；产品定位可分为高客单价和中低客单价，根据客单价确定直播间装修的档次和调性。

4. **直播间的场景和场地都有哪些类型？**

    (1) 室内直播场景（线下展厅、酒店卧室、家中、线下门店、工厂生产线、批发市场）。

（2）户外直播场景（果园采摘、娱乐走播、户外探险、生活日常、风景旅游、手艺分享）。

（3）虚拟直播场景（电脑绿幕抠像可随意更换背景素材）。

5. 直播间已经打了很多灯光，但场景还是不够明亮，怎么办？

灯光多并不一定就能把直播间打得明亮，但没有足够的灯光更不可能明亮，出现这种情况大部分是因为前景和背景的光比差异太大，形成逆光以及整体光不均匀导致人物黑，再多的灯光都打不出理想的效果。专业的灯光师能够充分利用和调整每一盏灯的灯光角度以及光比，打造出有质感且明亮的直播间。

6. 怎样才能让直播间看起来高档？

人靠衣装马靠鞍，这句话一定是有道理的，直播间同样如此。不管主播和产品多么漂亮，如果直播间的装修和装饰撑不起档次，那么这个直播间基本是卖不出高价。想要直播间看起来高档，解决方案是首先要让你的直播间从硬装到软装，甚至是各类装饰摆件看起来都要很值钱。通过局部灯光优化渲染，让直播间里每一个角落都体现出质感，同时也要结合主播的气质与优秀的语言表达逐步优化，才能提升直播间的档次感。

7. 什么是直播间的前景、中景和背景？

直播间前景：镜头由近到中到远，以主播区域前方摆放讲解的商品和物件，距离镜头靠前的区域属于前景。

直播间中景：镜头由近到中到远，因主播前方是摆放物品讲解区，属于前景，主播所站立区域后方属于背景，所以主播所站立的区域就是整个直播间的中景。

直播间背景：镜头由近到中到远，整个直播场景距离镜头最远的区域属于背景区，背景的装修设计可以是品牌形象，可以是摆放产品，也可以是直播主题等。

8. 户外直播场景有什么特点？

户外直播的特点具有随机性，不局限，灵活性好，没有标准的直播流程和脚本，娱乐打赏和卖货都可以，接地气，粉丝观众带入感和真实感强。可以是非移动直播，也可以是移动走播形式；可以是第一视角直播，也可以是第二视角直播。

9. 为什么直播画面很模糊，有时候还有马赛克以及画面卡顿现象？

(1) 画面模糊首先要考虑手机摄像头像素够不够高清，以及直播间场景的灯光是否太暗。手机以及摄像头感光元件的噪点增加也会导致画面模糊。

(2) 在手机和光线都没有问题的情况下出现画面模糊以及马赛克和卡顿现象，可以断定是网络速度不够，或者同时使用该网络的手机太多导致的。需要对网络提速，建议直播机设定专用网络。

10. 直播间场景的重要性以及有什么影响？

掌握场景搭建技巧，让直播间人气有效提升。

(1) 灯光：比如主播身材、颜值都还不错，但是灯光的原因，会大大降低你的成交率。

(2) 背景：比如说做教学的直播，重点要营造我们的学习氛围，可以在身后放置一块小黑板或者 LED 小屏幕；做带货的背景一定要主题明确，展示出今天的优惠活动、优惠力度；卖土特产，可以在产地进行直播，还原真实性。

11. 直播间灯光该怎么打才能呈现出更好的效果？

直播间分为多种类型，不同直播间的场景搭建不一样，所打灯光的方式也有所不同。比如女装直播间，要注重衣服质感，主播上身后显高挑、有立体感，最基本的需要1~2盏面光灯，主播人物轮廓光1~2盏灯，前景衣服面料展示柔光1盏灯，以及直播间整体氛围光，通过细致地调整灯光角度以及光比，呈现出更好的效果。

12. 怎样快速搭建低成本又显档次的直播间？

以女装类直播间为例：当现场场地都很简陋时，我们可以购买可移动酒店式衣柜、高档壁纸／窗帘、沙发、地毯、墙画等，以上几类物件组合即可快速搭建出显档次的直播间。

13. 什么是沉浸式直播场景？

沉浸式直播场景是指在室内／室外提前规划好的直播流程以及商品陈列，直播手机以第一视角通过主播动态移动到每一个设定好的直播场景，观众可跟随主播移动的直播视角看到想看的地方；相反，主播也可根据观众的反馈要求看指定的场景，这样会使观看者与主播产生更好的互动和体验。

14. 什么是直播间调性，以及"人货场"匹配度？

直播间调性可以理解为直播间"人货场"三要素匹配结合的某一种风格，比如卖高客单名媛风的女装直播间，首先你的主播要身材高挑，讲解语气节奏要显品位，要有该有的名媛气质。直播间场景同样如此，从装饰摆件到装修风格选择，要有名媛元素，灯光色温以及直播间背景音乐格调，做到"人货场"高度统一，才能呈现出直播间调性。